09.24 dy

Reiner Harscher

Toskana

Reiner Harscher

TOSKANA

rosenheimer

Inhalt

Toskana
Die Perle Italiens 9

Florenz
Stadt der Kunst und der Lebenslust 17

Chianti
Wein, Oliven und andere Gaumenfreuden 27

Zwischen Orcia und Ombrone
Träumerische Landschaften im Herzen der Toskana 33

Pitigliano, San Gimignano und Volterra
Die schönen Alten 41

Siena
Romantik und Paliofieber 49

Von Pisa nach Carrara
Durchs Land des Marmors 57

Maremma und Isola del Giglio
Cowboys und malerische Küste 67

Toskana
Die Perle Italiens

Je länger ich die Toskana bereise, desto vielfältiger scheint das Land zu werden. Es ist eine überschaubare Region, etwa so groß wie Hessen und nach den unzähligen Reisen dachte ich dieses Land zu kennen. Doch immer wieder, zu jeder Tages- oder Jahreszeit eröffnen sich neue unerwartete Ansichten, neue Lichtstimmungen und weitere, auch heute noch träumerische Plätze.

Wie schwer doch die Toskana mit einer einzigen Überschrift oder einem einzigen Bild zu erfassen ist! Papst Bonifatius VIII. hat es vor mehr als 700 Jahren sehr einfach auf einen Nenner gebracht und die Region als „die Quintessenz der Welt" bezeichnet. Natürlich fehlt hier einiges, was unser Globus sonst noch zu bieten hat, aber die Region scheint eine Welt im Kleinen zu sein; teilweise paradiesisch, was Ruhe, saubere Luft und Kräuterdüfte, Landschaft und Küche betrifft. Heimelige Orte sind zu finden, abseits der namhaften Bauwerke, vor allem wenn man in der Toskana zu ungewöhnlichen Tageszeiten unterwegs ist, oder von April bis Anfang Mai, vielleicht auch im Oktober zur Wein- oder im November zur Olivenernte reist.

Viele Gesichter der Toskana also! Zwischen der rauen archaischen Südtoskana an der Grenze zum Latium und dem nördlichen Küstenstreifen, wo es in der Architektur vielfach Jugendstil-Verzierungen gibt, finden sich kaum Gemeinsamkeiten. Die Landschaften des Monte Amiata mit seinen Eichen-, Kastanien- und Buchenwäldern haben keine Ähnlichkeiten mit den harmonischen Weinhügeln des Chianti und schon gar keine mit der aschfahlen Einsamkeit der Crete.

Manche Gebiete, die ich Ihnen in diesem Buch vorstelle, könnten allein ganze Bücher füllen. Zu vieles gibt es in diesem Land zu erfahren, als das man es auch nur annähernd hier erfassen könnte. Natürlich werden einige der berühmten Orte besucht, andererseits zeige ich mit meinen Fotos die Landschaften, deren unterschiedliche Stimmungen ich immer aufs Neue genieße. Die Menschen, die in den Kapiteln vorgestellt werden, sind ganz normale Bewohner ihres Landes, die ein Stück der guten alten Toskana bewahren.

Die Toskana gefällt mir dort am besten, wo es stiller wird, wo die Spuren der Modernisierung spärlicher werden, wo ein harmonisches Bündnis zwischen Architektur und Natur, Geschichte, Menschen und Land zustande kommt. So geht es also hinein in das Dreieck, das die Städte Siena, Montepulciano und Montalcino bilden, oder dorthin, wo die Klosterruinen von San Galgano und Sant'Antimo sich zum Himmel recken.

Die mittelalterlichen Stadtkerne der Orte des Elsatales schlummern vor sich hin, während sich zu ihren Füßen geschäftige Gewerbegebiete ausbreiten. Durch das Tal des Arno führt eine zum Teil chaotische Mischung aus Straßen, Bahntrassen und Gewerbegebieten und große Teile der Westküste sind längst zu Massenbadeplätzen geworden.

Einige Innenstädte ersticken im Verkehr, Autoabgase zerstören das weiche Baumaterial der alten Gebäude und Statuen und im Sommer ertrinken die berühmten Plätze der Toskana im Touristenmeer – verständlicherweise, denn: Wo sonst auf unserem Globus als in Florenz, Pisa, Pistoria, Lucca und Arezzo sind auf engstem Raum so viele Wunderwerke der Architektur, Kunst und Kultur vereint?

Die Schönheit und die Fruchtbarkeit des Landes waren der Grund, weshalb die erste Hochkultur im Land entstand. Die Etrusker, wahrscheinlich griechische Völkerstämme, begannen ungefähr 1000 v. Chr. blühende Städte zu bauen, die Maremma zu entwässern und ertragreichen Ackerbau zu betreiben. Von ihrem Namen Tuscia kommt auch der heutige Name der Region Toskana. Ab dem 3. Jahrhundert v. Chr. übernehmen die Römer die etruskischen Städte und Teile der Kultur, bauen Straßen und verwalten das Land. Die entscheidende Prägung erhält die Toskana während der Blütezeit der Renaissance und des Humanismus etwa im Zeitraum vom 14. bis zum 17. Jahrhundert.

Nachfolgende Doppelseite: Die Gegend um Pienza bietet einige der klassischen Toskana-Szenen.

Nur noch wenige extensiv genutzte Olivenhaine werden im Fühling zum Blütenmeer.
Rechts: Die Renaissance-Kirche San Biagio bei Montepulciano.
Nachfolgende Doppelseite: Der Hauptort Giglio Castello thront 400 Meter über dem Meer

Florenz
Stadt der Kunst und der Lebenslust

Wer von den harmonischen Hügeln des Chianti hinauf in das geordnete Chaos von Florenz kommt, nimmt den Gegensatz deutlich wahr. Jeder scheint hier zu fahren, wie er möchte, und die unzähligen Vespas gewinnen das Rennen immer. Dieses immer schneller – und scheinbar auch immer lauter – werdende Zweiradgefährt ist für die Florentiner im Stadtzentrum unverzichtbar.

Als ich vor vielen Jahren zum ersten Mal dort war, begann ich, wo man den besten Überblick auf die Stadt hat: am Piazzale Michelangelo. Frühmorgens nach Sonnenaufgang und abends nach Sonnenuntergang ist die Stimmung am schönsten. Auch die Florentiner selbst, die frisch Verliebten genauso wie ganze Familien pilgern an den Samstag- und Sonntagabenden im Sommer hinauf, um in der Kühle der Nacht diesen den Betrachter immer wieder verzaubernden und romantischen Ausblick zu genießen.

Der Platz ist nach dem großen Sohn der Toskana, dem wohl bedeutendsten Künstler Italiens, benannt: Michelangelo Buonarotti. Eines seiner populärsten Werke in Florenz, die Statue des David steht in der Galleria dell' Accademia und natürlich steht eine Kopie auf dem Piazzale, der nach ihm benannt ist. Alle großen Bauwerke liegen dem Betrachter hier zu Füßen: Die Domkuppel von Brunelleschi mit dem Campanile, der Palazzo Vecchio mit dem kühn aufsteigenden Turm, dazwischen der spitze Turm der Badia, der kraftvolle Bau von Orsanmichele, die Kirchen von Santa Croce und Santa Maria Novella und die Brücken des Arno. Ganz vorn ruht die Ponte Vecchio.

Mit Ungeduld freut man sich darauf endlich hinunterzugehen, über die Ponte Vecchio, hin zum weltlichen und geistlichen Zentrum, über die Piazza della Signoria zum Palazzo Vecchio und dann erst einmal zum Dom. Vielleicht wirft man einen kurzen Blick auf Filippo Brunelleschi, der, in Marmor, am Palazzo dei Canonici sitzt und Maß an seiner gigantischen zweischaligen Kuppel nimmt, denn er sieht mit abschätzendem Blick hinauf als könnte er es selbst kaum glauben, dass sein Meisterwerk heute noch steht. Ein bisschen enttäuscht war ich beim ersten Besuch allerdings darüber, wie man den prächtigen Dom in die Stadt hineingezwängt hat und dem Gebäude kaum die Möglichkeit gibt, als Ganzes zu wirken.

Wenn man sich nach einer Weile an den Lärm der Vespas, die stickig heiße Sommerluft und die Flut der Mittouristen gewöhnt hat, fällt auf, dass die Bewohner der Stadt sich von denen in der Toskana scheinbar unterscheiden. Schon die sehr sorgfältige und elegante Kleidung lässt darauf schließen, dass sie in der toskanischen Hauptstadt leben, dass sie stolz sind, Florentiner zu sein, und dass es ihnen hier besser geht, als anderswo in der Region.

Dass ihre Stadt mehr Kunstschätze beherbergt als jede andere, trägt sicher zu dieser Einstellung bei. Sie lassen die Kunst normalerweise beiseite, Theater und Konzerte sind ihnen wichtiger. Sie sprechen lieber über die Stadtpolitik und deren Versäumnisse, die Verkehrspolitik und das inzwischen rigorose Vorgehen gegen falsch geparkte Autos, die einfach abgeschleppt werden, sowie auch gegen die zahllosen afrikanischen Straßenverkäufer, die nachts die Innenstadt überschwemmen. Dass immer noch recht häufig Autos mit auswärtigen Kennzeichen aufgebrochen werden, (uns hat es bisher dreimal getroffen) beschäftigt allerdings hauptsächlich die Touristen.

Wer in den Innenhof der Uffizien spaziert, trifft sie fast alle, die großen einheimischen Genies, die hier in Marmor nebeneinander aufgereiht sind: Maler und Bildhauer wie Giotto, Donatello, Michelangelo und Leonardo da Vinci, Literaten wie Dante, Boccaccio und Petrarca, Forscher wie Galilei und Vespucci.

Viele ihrer Werke sind der finanziellen Förderung und dem Kunstsinn der Medici zu verdanken. Von Ärzten und einfachen Geldwechslern entwickelte sich der Mediciclan zu einer Finanz- und Machtdynastie. Der mächtige Cosimo der Ältere war im 15. Jahrhundert nicht nur in der Politik mächtig, sondern auch teilweise in der Kirche.

Links: Zusammen mit dem Dom prägt der Palazzo Vecchio die Skyline von Florenz.

Oder einmal mit dem Fahrrad zum Dom!?
Vorhergehende Doppelseite: Am Piazzale Michelangelo liegt dem Besucher die Stadt zu Füßen.

Oben: Bronzereliefs von Ghiberti an den Osttoren des Baptisteriums zeigen Szenen aus dem alten Testament.

Unten: Der Dom, eingezwängt in der Innenstadt und trotzdem ein Kleinod

Oben: Der abends so friedlich wirkende Arno bringt immer wieder Überschwemmungen über die Innenstadt.

Unten: Seit etwa 500 Jahren überspannt sie den Arno, die Ponte Vecchio.

Die „Wespe", Vespa, Kultfahrzeug und praktisches Fortbewegungsmittel in Italiens engen Innenstädten

Eine Kopie von Michelangelos weltberühmtem „David" steht oberhalb der Stadt.

Chianti
Wein, Oliven und andere Gaumenfreuden

Es waren die Etrusker, die in der Toskana vor fast 3000 Jahren den ersten roten Wein kelterten. Heute sind es die Rotweine, die zu den berühmtesten der Region gehören: Chianti, Brunello di Montalcino und Vino Nobile di Montepulciano. Mit der großen strohumhüllten Flasche, dem Fiasco, begann das Fiasko um den Chianti-Wein. Eine zu große Menge fasste die bauchige Flasche! Längst haben die Chianti-Bauern eine Renaissance ihres Roten herbeigeführt und produzieren Spitzenweine.

Weine sind so unterschiedlich wie der Boden, auf dem sie wachsen. Traditionell ist der Chianti ein Verschnitt aus vier Rebsorten, den beiden roten Sangiovese und Canaiolo nero und den beiden weißen Trauben Trebbiano toscano und Malvasia del Chianti. Mit Zugabe der weißen Trauben wollte man die Kraft der Sangiovese etwas mildern. Heute geben die Winzer ihrem Wein mehr Körper und Alterungspotential und lassen die weißen Trauben weg.

Fast ein Drittel der Toskana ist zwar inzwischen zum Chiantigebiet deklariert worden, das eigentliche Chianti jedoch liegt links und rechts der Staatsstraße 222 zwischen Siena und Florenz. Von dieser Hauptschlagader des Weines, führen oft schmalste Straßen zu den großen und vielen kleinen Gütern des Chianti Classico. Der Gallo Nero, der schwarze Hahn, ist das Emblem des Chianti-Classico-Konsortiums, das streng über Anbau und Qualität des weltberühmten Weines wacht.

Neueinsteiger können heute nur noch zum Chianti-Classico-Produzenten werden, wenn sie ein bestehendes Weingut mit einer Lizenz für die Classico-Produktion übernehmen. So kam Giovanni Orsi im Jahr 1992 aus Süditalien ins Chianti. Er ist Weinbauingenieur und Spezialist seiner Zunft und er erwarb die Ruine der alten Fattoria Casaloste mitsamt Rebenland und Lizenz zum Anbau des Classico.

In den Holzfässern seiner Cantina reifen inzwischen beste Riserva-Weine. Er baut seine Trauben nach ökologischem Verfahren an und füllt im Jahr etwa 20.000 Flaschen ab. Der Familienbetrieb ist klein, gemessen an den weltberühmten riesigen Weinfabriken des Chianti, aber fein.

Die Krönung der Chianti-Weine liegt bernsteinfarben mit goldenen Reflexen im Glas und kann uralt sein: Vin Santo, der heilige Wein. Nur beste Trauben werden Anfang Oktober für zwei Monate zum Trocknen aufgehängt. Direkt nach dem Pressen füllt der Winzer den Saft in kleine Holzfässer, deren Spundloch er mit Zement verschließt. Den Temperaturschwankungen der Jahreszeiten ausgesetzt und sich selbst überlassen, reift er auf dem Dachboden zu dem heran, was er ist: ein toskanischer Spitzenwein.

Wenn die Weinernte längst vorbei ist, wird das grüne Gold der Toskana gepresst: Öl. Im November zerrt man die Oliven von den Bäumen und lässt sie in auf dem Boden liegende Netze fallen. Je nach Standort der Ölbäume und Erntezeit erhält man durch Pressen bei Zimmertemperatur dann ein leichtes und fruchtiges Olio extra Vergine, wie es für Lucca typisch ist, oder durch frühe Ernte ein eher kraftvolles, herbes manchmal leicht bitteres Öl.

Andere kulinarische Spezialitäten werden von Vierbeinern geliefert. Die Schafzüchter kamen einst aus Sardinien in die Toskana. So wird der gute Käse Pecorino auch heute meist noch von sardisch-toskanischen Schäfern hergestellt. Entscheidend für den Käse ist, was die Schafe fressen. Den besten erzeugt man im März, den Marzolino, wenn die Wollträger sich an frisch sprießenden Kräutern satt fressen.

In den Kastanienwäldern des Chianti erntet man im Herbst Pilze und jagt Wildschweine. Luftgetrockneter Schinken vom Wildschwein ist eine Spezialität, die ein Toskanareisender zu Chianti und salzlosem Weißbrot, das man leicht mit Öl beträufelt, unbedingt probieren sollte.

Links: Immer wieder faszinierend – das Zusammenspiel von sanften Hügeln, Zypressen und Wein

Oben: Die Weinlese, im Chianti Classico sind es fast nur rote Trauben, ist meist Ende September vorbei.

Unten: In seiner Fattoria Casaloste bei Greve, im Herzen des Chianti Classico, baut Giovanni de Orsi besten Riserva aus.

Der tagsüber meist von Autos und Menschen übervolle Marktplatz von Greve

Oben: Nicht nur bei Metzgermeister Falorni erhält man den pikanten luftgetrockneten Schinken.

Unten: Giovanni Tolus Pecorino toscano wird biologisch hergestellt und ist weit über Greve hinaus berühmt.

Nach einer Woche kann man den Pecorino „jung" verzehren, nach 3 Monaten ist er „mittelalt", nach neun Monaten „alt".

Zwischen Orcia und Ombrone
Träumerische Landschaften im Herzen der Toskana

Obwohl es der Vielfalt der Toskana kaum gerecht wird, sind es doch meist die Zypressenreihen und Hügellandschaften, mit denen Fotografen und Maler das Land beschreiben. In dem Dreieck, das durch die Flüsse Ombrone, Arbia und Orcia südlich von Siena entsteht, liegen einige der berühmten Toskana-Landschaften, die schon seit Jahrhunderten auf Gemälden und in jüngerer Zeit auf unzähligen Fotos wiedergegeben werden. Die Crete zwischen Siena und Asciano ist extrem durch die Lebensweise des Menschen gestaltet worden. Ackerbau und Schafbeweidung prägen das Land und verändern die Farben im Laufe des Jahres: grasgrün im März, mohnrot im Mai, getreidegolden im Juli und aschgrau im Herbst.

Auch die Farbflächen um die alte Bischofsstadt Pienza sind zu Hügeln gefaltet um sie nicht in zweidimensionaler Eintönigkeit zu belassen. Zu den einsamen alten Gehöften, die auf den Hügelrücken liegen, ziehen sich Baumreihen hin. Die Bewohner pflanzen die Zypressen seit Jahrhunderten und haben so die symmetrischen Elemente dieser Landschaft geschaffen. Kaum einer der Höfe verzichtet heute auf Agrartourismus. Für die Bauern sind Zimmervermietungen zur wichtigen Zusatzeinnahme geworden, für Gäste ist es eine besondere Art Urlaub zu machen – in der Stille der offenen Wellenlandschaft, umgeben von der Harmonie der Formen und der Pastellfarben.

Mönche der großen und kleinen Orden, Benediktiner, Dominikaner, Franziskaner, kamen in diese einzigartige Landschaften, um während der Epoche der Renaissance ihre Klöster zu bauen. Monte Oliveto Maggiore, der große Backsteinbau der Benediktiner, thront zwischen erodierten Balzekegeln und inmitten der gelben Ginsterbüsche.

Das Leben in den Klöstern war erfüllt von der Liebe zur Kunst und der geistigen Bildung. Daraus resultieren die vielen Kunstschätze wie Fresken, Terrakotten, Gemälde und literarische Werke, die sich bis heute in den Konvents verbergen. So ist zum Beispiel der große Kreuzgang von Monte Oliveto Maggiore von Signorelli und Sodoma mit meisterhaften Fresken geschmückt worden, die das Leben des heiligen Benedikt zeigen.

Große und kleine Klöster sind über die ganze Toskana verstreut. Einige liegen versteckt in der Landschaft. In der Heimat des Brunello, südlich von Montalcino liegt die verlassene Abtei San Antimo. Westlich unseres Flussdreiecks kann man eines der edelsten Beispiele der Zisterzienser-Gotik bewundern, die Abazzia di San Galgano. Die Kirche hat ihr klassisches Aussehen bewahrt, obwohl das Dach im 18. Jahrhundert einstürzte.

Distanz zu Marktlärm und Industriehektik schaffe ich mir am liebsten in dem Hügelland zwischen Castellúcio, Montepulciano und San Quirico. Ich suche mir Teile einer einerseits imaginären, andererseits existenten Toskana heraus: dunkle Zypressen, die wie Speere in den Himmel stechen, verfallene Gehöfte oder die Blütenteppiche des Frühlings. Später im Jahr werden diese bunten Felder mit einem Schlag durch das Umpflügen zu unwirtlichen Fluren, zu einer Mondlandschaft.

Traktoren und Raupenschlepper verrichten heutzutage an einem einzigen Tag das Werk, wofür man einst Wochen oder sogar Jahre brauchte. Bei jedem Spaziergang zwischen Getreidefeldern und Alleen hoffe ich, dass es gelingen wird, diese seit Jahrhunderten durch den Menschen genutzte und doch so harmonische Landschaft zu erhalten.

Links: Der Monte Amiata ragt von vielen Plätzen sichtbar über das Hügelland heraus.
Nachfolgende Doppelseite: Die Villa Belvedere wirkt zur Mohnblüte besonders romantisch.

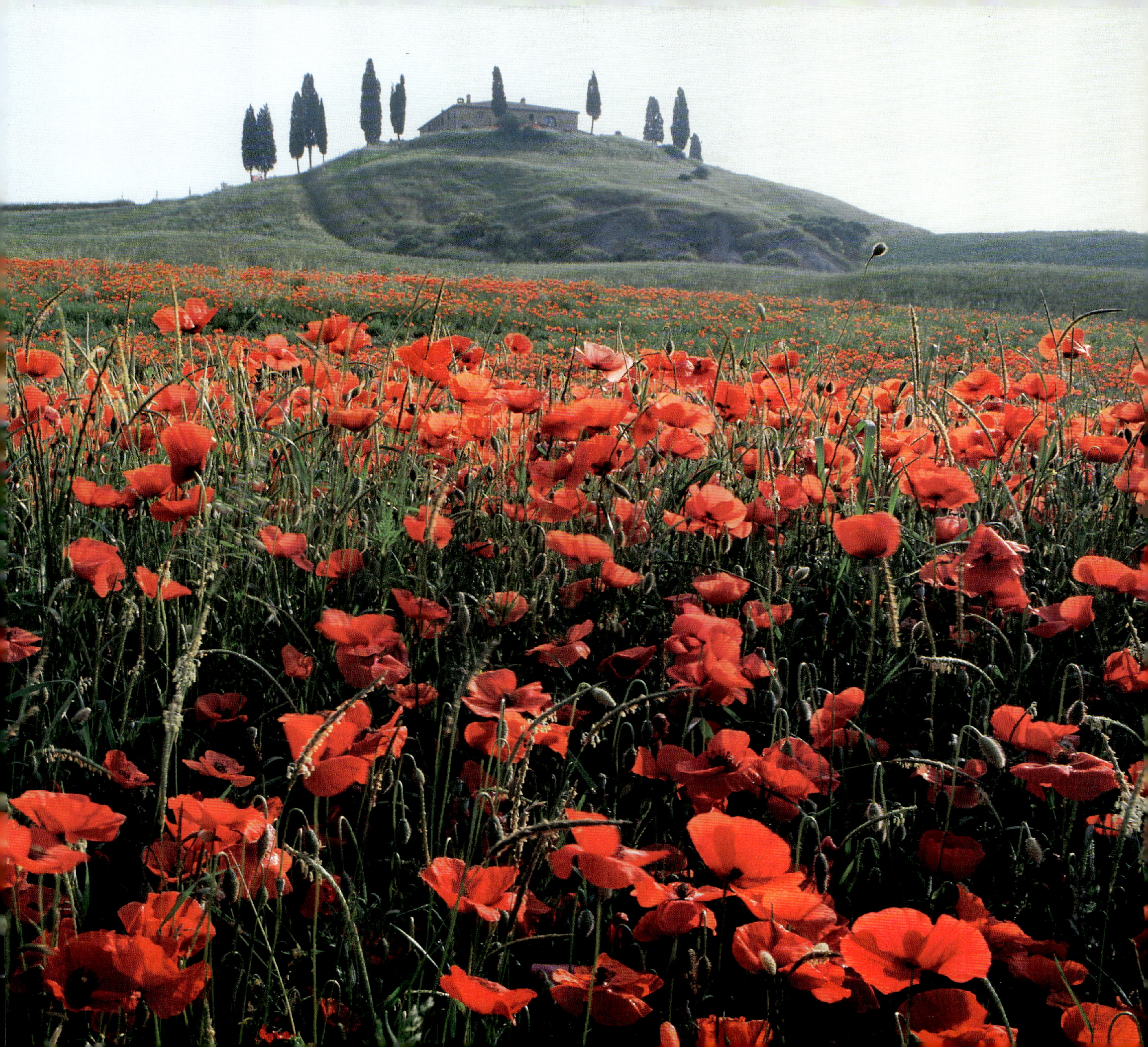

Viele verlassene Gehöfte der Crete werden von ruhesuchenden Städtern aufgekauft und restauriert.

Oben: In der offenen Landschaft drückt sich eine Schar Zypressen wahrscheinlich um eine ehemalige Gräberstätte.

Unten: Die alte Bischhofsstadt Pienza hat eine überraschend hohe Anzahl Kunst- und Architekturschätze zu bieten.

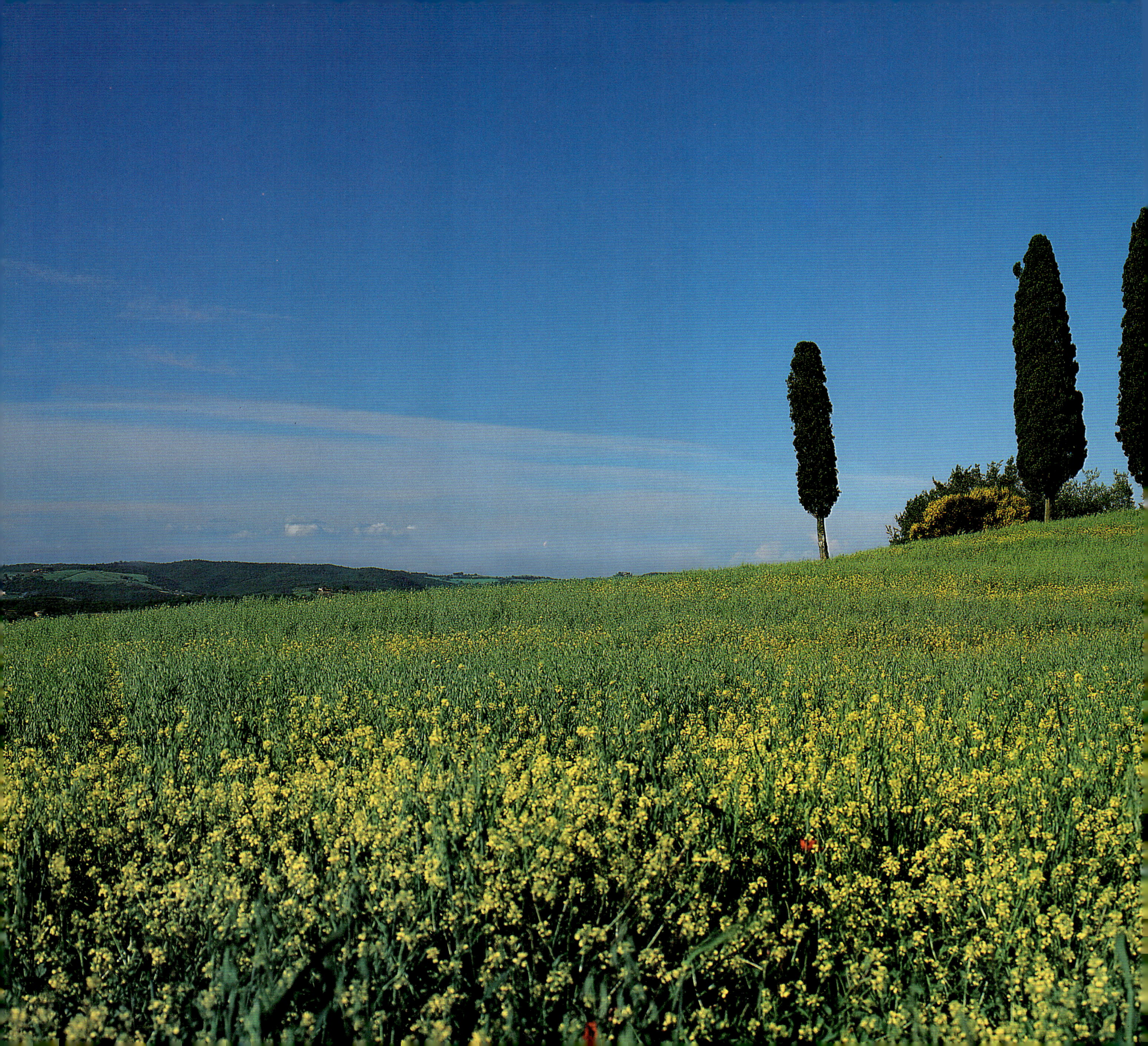

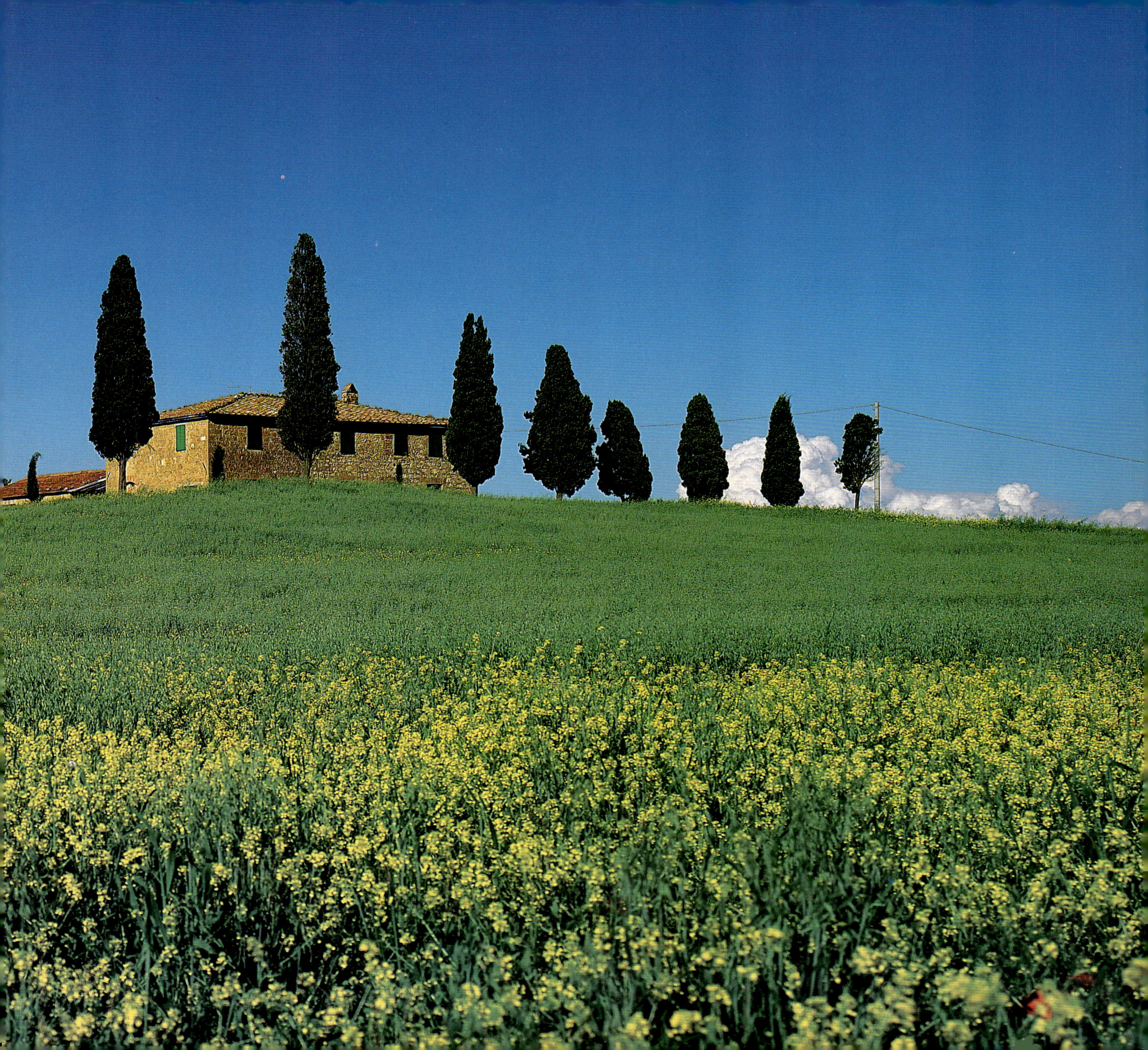

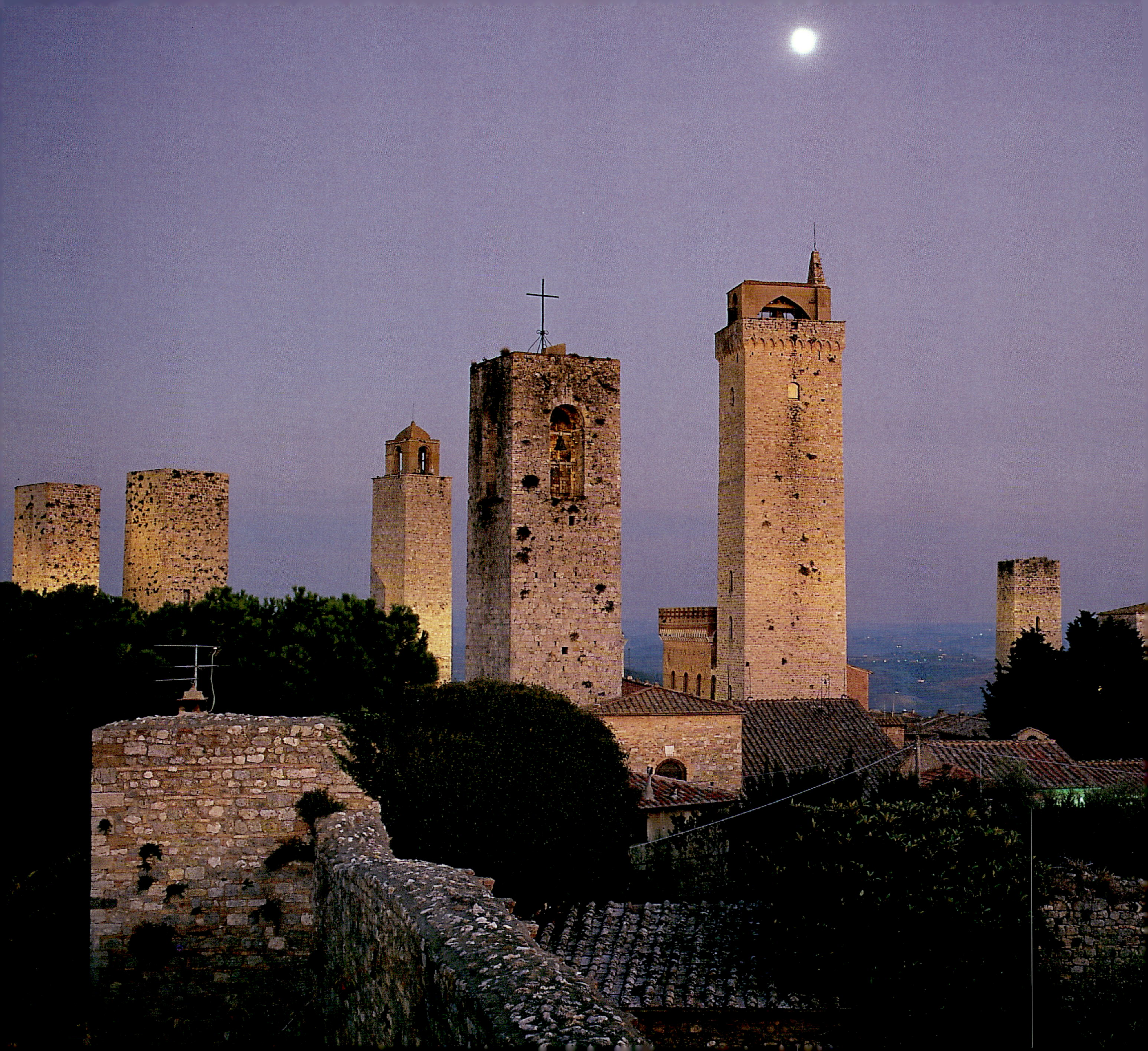

Pitigliano, San Gimignano und Volterra
Die schönen Alten

Ihre alten Ortskerne liegen meist von weither sichtbar auf Hügeln. Bummelt man sehr früh morgens durch die engen menschenleeren Gassen einer dieser alten Städte, könnte man sich kurz im Mittelalter wähnen, so gut sind die Innenstädte der toskanischen Landstädtchen wie Pitigliano, Sovana, San Gimignano, Radicofani, Colle di Val d'Elsa, Volterra und vielen anderen erhalten. Eine Vulkanspalte durchzieht Teile der Toskana, der Vulkanismus tritt heute in Form heißer Quellen zu Tage.

Bei Saturnia fließen große Mengen Thermalwasser aus dem Berghang, so dass kleine Sinterbadebecken entstanden. Unweit der berühmten Quellen von Saturnia, steht eine der schönsten Altstädte der Toskana auf vulkanischen Tufffelsen: Pitigliano ist eine etruskische Stadt mit mittelalterlichen Ergänzungen. Atemberaubend empfand ich sie im Morgenlicht, als ich von Sovana her kam. Wie Waben sind die Häuser mit dem Tuffstein verwachsen.

Nach dem Stadttor betritt man ein Labyrinth enger Gassen, das sich erst zum Palazzo Orsini hin etwas öffnet. Die Tuffhöhlen unter den Häusern wurden zu Öl- und Weinkellern erweitert. Hier lagert der köstliche Bianco de Pitigliano. Das weiche Vulkangestein hat es den Etruskern ermöglicht, unweit von Pitigliano eine bedeutende Nekropolis anzulegen. In den Wäldern um Sovana sind ihre großen Grabhöhlen wie Tomba a Tempio Ildebranda oder Grotta Pola zu finden.

Obwohl ich die alten Städtchen seit Jahren immer wieder besuche, ziehen die schönsten Plätze mich mit magischen Kräften immer aufs Neue an. Unzählige Male hab ich den Wehrturm der Rocca bereits erstiegen, um das Lichtspiel auf den 13 sichtbaren Türmen von San Gimignano mit der Kamera einzufangen. Orte wie San Gimignano besuchen wir heutzutage nicht in den Sommermonaten und wenn, dann in den allerersten oder letzten Stunden des Tages, erstaunt darüber, welch romantische Wirkung sie ohne das Gewimmel der internationalen Touristengruppen doch entfalten können.

Die Geschlechtertürme wurden von den reichen Woll-, Wein- und Gewürzhändlern gebaut – zum Schutz gegen die Nachbarn und um den eigenen Wohlstand zu zeigen möglichst höher als die der anderen. So mancher musste heimliche Aufstockungen wieder abtragen, denn kein Turm durfte höher sein als die Türme des Palazzo Comunale.

Auf dem Weg nach Volterra lohnt es sich zurückzuschauen, denn zwischen den Hügeln taucht die Turmskyline noch einige Male auf. Das Centro Storico, die von einem fast vollständig erhaltenen mittelalterlichen Mauerring umgebene alte Altstadt von Volterra, ist vergleichsweise recht groß. Die vielstöckigen, größtenteils schmucklosen Häuser mit den dunklen Steinen machen die Gassen zu düsteren engen Schluchten. Vor manchen Eingängen sind weiße Schuhabdrücke auf dem alten Pflaster zu sehen: Alabasterstaub.

Etwas mehr als 200 Betriebe pflegen heute noch das alte Alabasterhandwerk. Die großen Massenbetriebe sind ins Gewerbegebiet umgesiedelt, viele Kleinbetriebe betreiben noch das traditionelle Kunsthandwerk in den engen Räumen der Altstadt. In der Werkstatt der Meister Roberto Chiti und Giorgio Finazzo hat alles dieselbe Farbe: grauweiß.

Der Alabasterpuder setzt sich überall fest und gibt Künstlern und Statuen ein gleiches Aussehen. Roberto arbeitet ohne Mund- und Nasenschutz, der Staub ist unschädlich, erklärt er mir. Der gipshaltige Alabaster wird in unterirdischen Gruben um Volterra gewonnen. Vor mehr als 2000 Jahren entdeckten die Etrusker dort das weiche Material und begannen daraus filigrane Gegenstände zu fertigen.

Links: Die Geschlechtertürme von San Gimignano wirken nach Sonnenuntergang am schönsten.

Oben: In Volterra pflegen Roberto Chiti und Giorgio Finazzo die traditionelle Alabaster-Kunst.

Unten: Einige uralte Werkstätten werden noch in den engen Gassen der Landstädtchen betrieben.

Nachdem wir Albertos und Marias Gastfreundschaft genossen haben, müssen wir versprechen Fotos zu schicken.

Auch die alten Höfe in Pitigliano verändern im Laufe der Jahre etwas ihr Gesicht.
Nachfolgende Doppelseite: Eine der berühmtesten Zypressenalleen liegt genau zwischen den Kurorten Chianciano und Bagno Vignoni.

Oben: Über den Dächern von Volterra, der Stadt des Alabasters.

Unten: Die Häuser der Altstadt von Pitigliano scheinen mit dem Tufffelsen verwachsen.

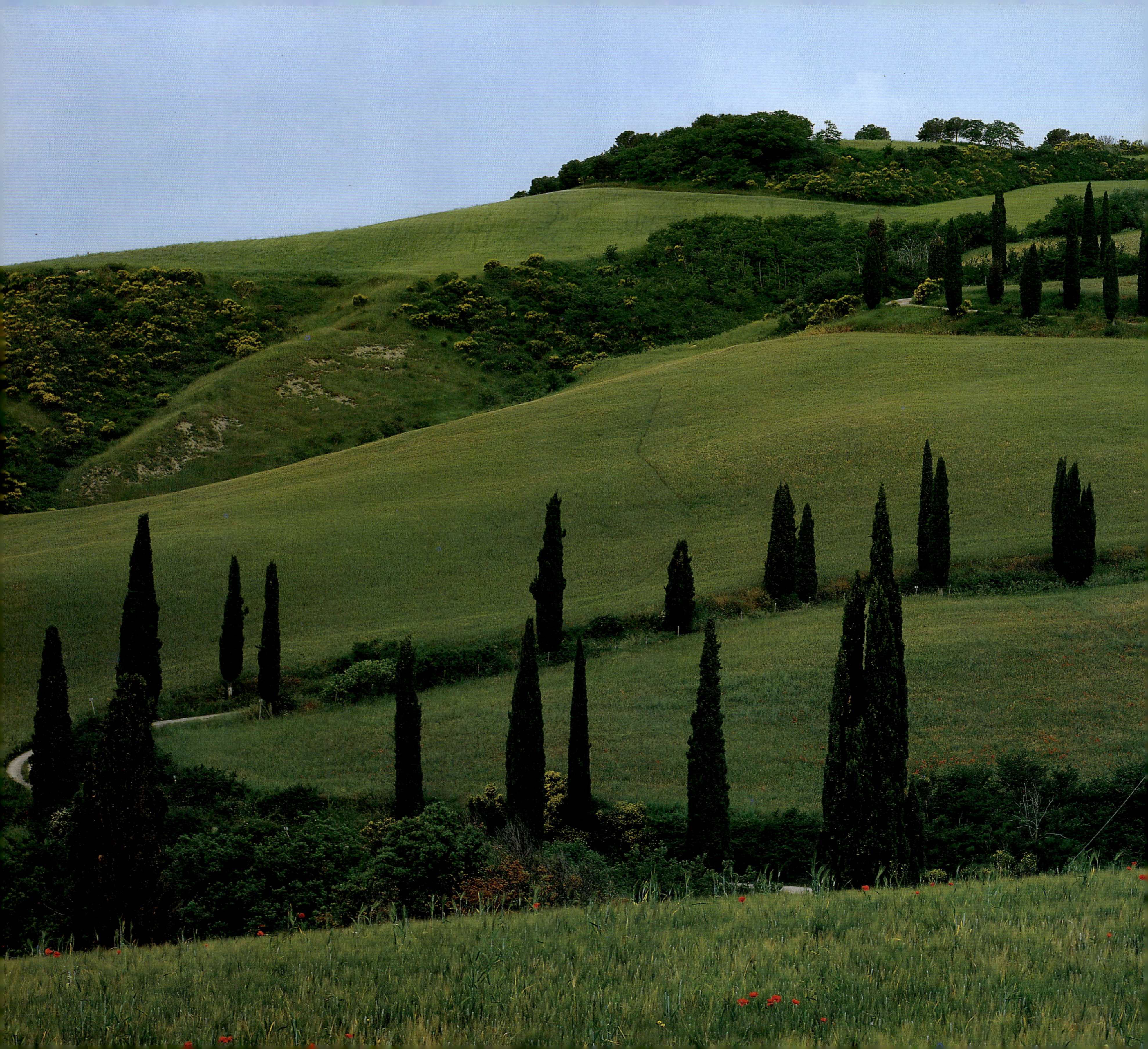

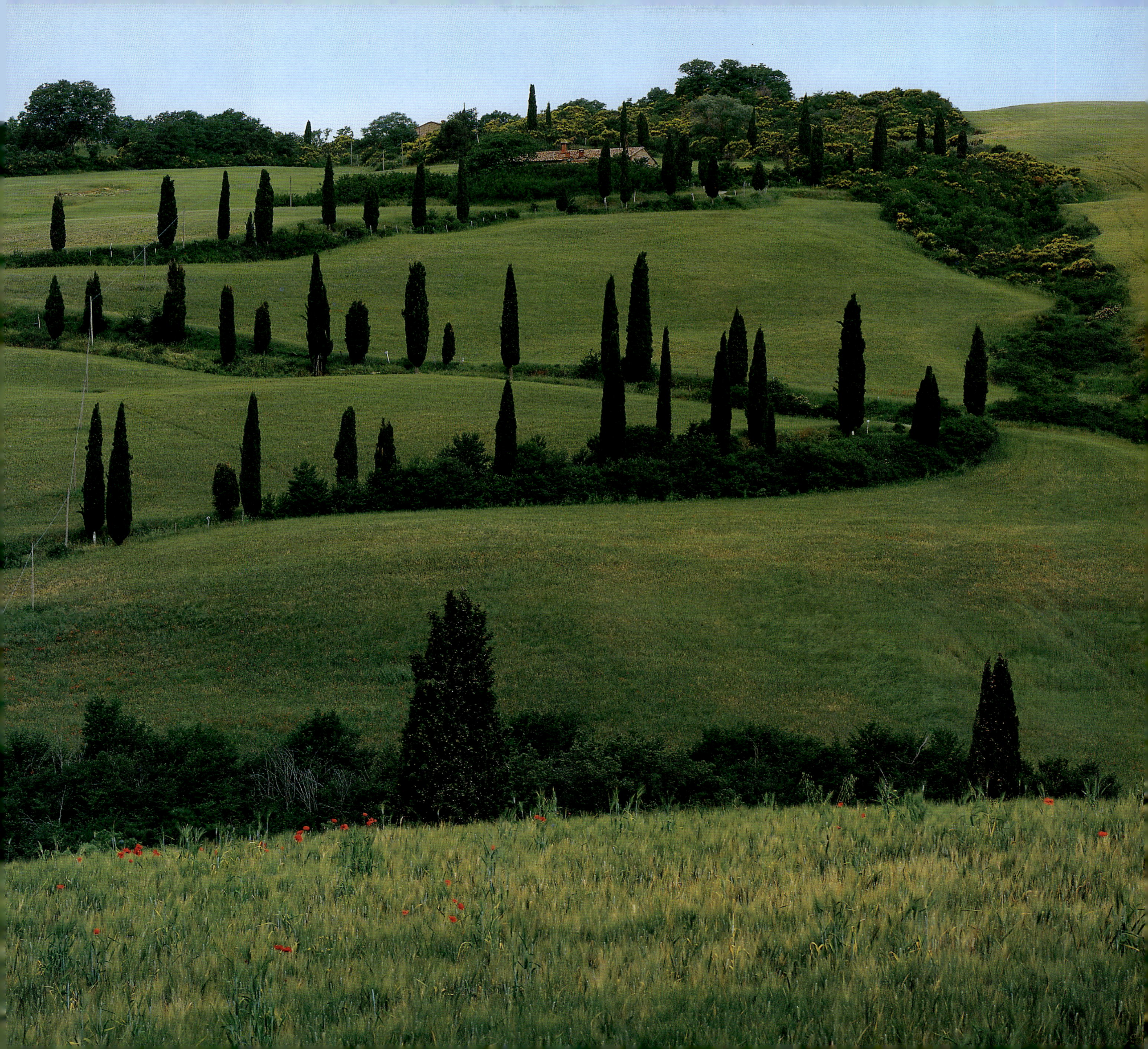

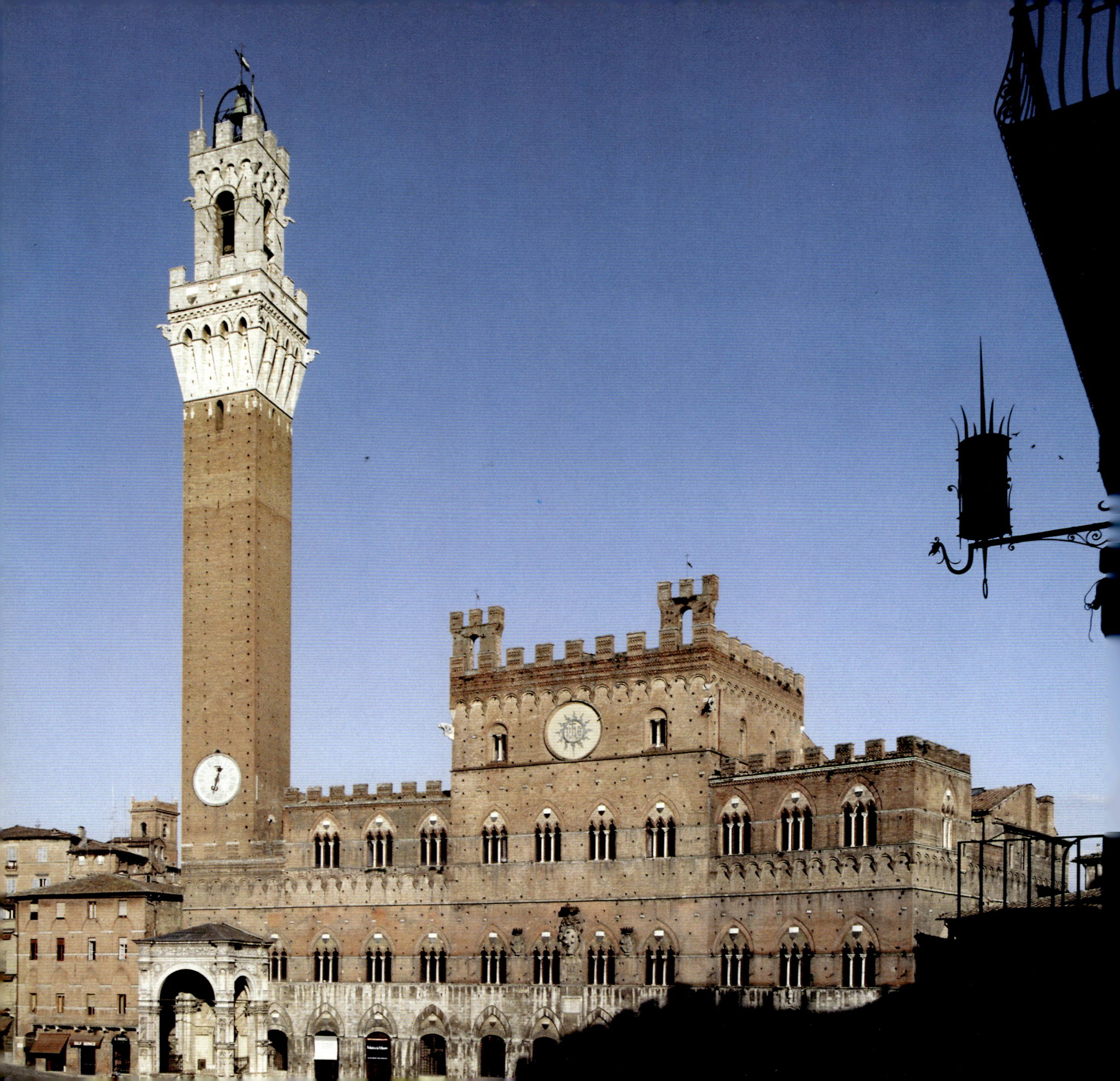

Siena
Romantik und Paliofieber

Von den Hügeln der Crete aus, über unzählige Höhenrücken hinweg, habe ich die Stadt zum ersten Mal bewundert, als im Sommer die Sonne glutrot hinter ihren Türmen unterging – die in meinen Augen schönste und interessanteste Stadt der Toskana. Jahrhunderte lang lag Siena in Fehde mit Florenz und heute wirkt die Stadt ursprünglicher und gemütlicher als die Konkurrentin. Schon in den 50er Jahren hat man die stinkenden und lärmenden Fahrzeuge aus der Altstadt verbannt. Damit ist Siena die älteste Fußgängerstadt in Italien und bis auf wenige Gassen ist sie für den privaten Kraftfahrzeugverkehr gesperrt.

Vielleicht sammelt Siena seine Pluspunkte bei den Besuchern auch durch sein Umland, das am ehesten unseren Vorstellungen von der Toskana entspricht. Den besten Überblick über die Altstadt bekommt man von der Aussichtsplattform des sogenannten neuen Doms, der größer und prächtiger werden sollte, als der existierende; man baute ihn allerdings nie zu Ende. Wie von einem Magneten angezogen, strebe ich dann Richtung Stadtpalast.

Dort, wo sich die drei Höhenrücken, auf denen die schöne Stadt liegt, schneiden, haben die Städtebauer einen der schönsten und berühmtesten Plätze Europas angelegt. Vor mir liegt ein Platz in vollendeter architektonischer Harmonie, die Piazza del Campo, eben der Platz der Plätze. Die Muschelform des Campo kam wegen seiner abschüssigen Lage der drei Hügelstadtteile zustande. Ihre rot gepflasterte Schale ist von einem grauen Umlauf eingefasst, der an den perfekt in einer geschwungenen Linie aneinandergereihten Fassaden prächtiger Palazzi endet.

Als gigantische Hintergrundkulisse dieses Campotheaters dient der Palazzo Pubblico, dessen Torre del Mangia in schlanker Gestalt für die Toskana in die einmalige Höhe von 102 Metern emporgewachsen ist. Dass die Stadtarchitekten den Platz auf geniale Weise komponiert haben, fällt mir auf, als ich im Auge des Platzes sitze und die harmonische Atmosphäre einatme, um festzustellen, dass diese auch durch Tausende von Besuchern nicht zerstört wird.

An zwei Tagen in jedem Jahr wird dieser Platz zu einem brodelnden Hexenkessel. Am 2. Juli und am 16. August verwandelt der Palio Platz und Stadt so, dass sie kaum wieder zu erkennen sind. Bei dem wilden Pferderennen, dessen Ursprung bis zurück ins 12. Jahrhundert geht, treten zehn Reiter für zehn der 17 historischen Stadtteile, der Contradas, gegeneinander an.

Die Contradas bildeten sich mit dem Entstehen der Stadt. Es sind Bezirke mit eigener Verwaltung. Ihre Bewohner sind zu verschworenen Gemeinschaften zusammengewachsen; beim Palio bringen sie ihren Lokalpatriotismus durch Tragen bestimmter Farben und Symbole zum Ausdruck.

Sie holen sich die besten Reiter aus der Maremma, hochbezahlte Fatini mit besten Pferden, die Leib und Leben in diesem brutalen, mitleidlosen Rennen riskieren. Bis zu 30.000 Menschen kommen zum Campo, um das nur etwa 100 Sekunden lang dauernde Rennen rund um den Platz zu bejubeln. Die Stadt ist völlig verwandelt. Ungeheuer heftige Emotionen werden ausgelebt und nur der Sieg zählt.

Von Signora Cinis sicherem Balkon aus erlebe ich, wie direkt nach Ende des Rennens alle Contradamitglieder gleichzeitig blitzschnell zu ihren Reitern stürmen. Es kommt dabei zu ernsthaften Rangeleien und heftigen Beschimpfungen. Schließlich zieht die Siegercontrada, heute die der Giraffa, mit dem wie ein Halbgott verehrten Pferd und dem erfolgreichen Fatini im Triumpfzug durch die engen Gassen zum Dom. Nach der Weihe feiert der ganze Stadtteil, manchmal tagelang.

Für einen Besucher wie mich ist es kaum zu verstehen, dass man sich bei dem Wettbewerb so erbittert miteinander misst; man muss Sienese sein, um Freud und Leid des Palio nachvollziehen zu können. Es dauert meist zwei Tage, bis der Alltag zurückkehrt, bis Siena wieder eine kleine ruhige Stadt wird, die etwas abgelegen ist, provinziell und universal zugleich, alt und würdevoll, melancholisch und stolz auf ihre Kultur.

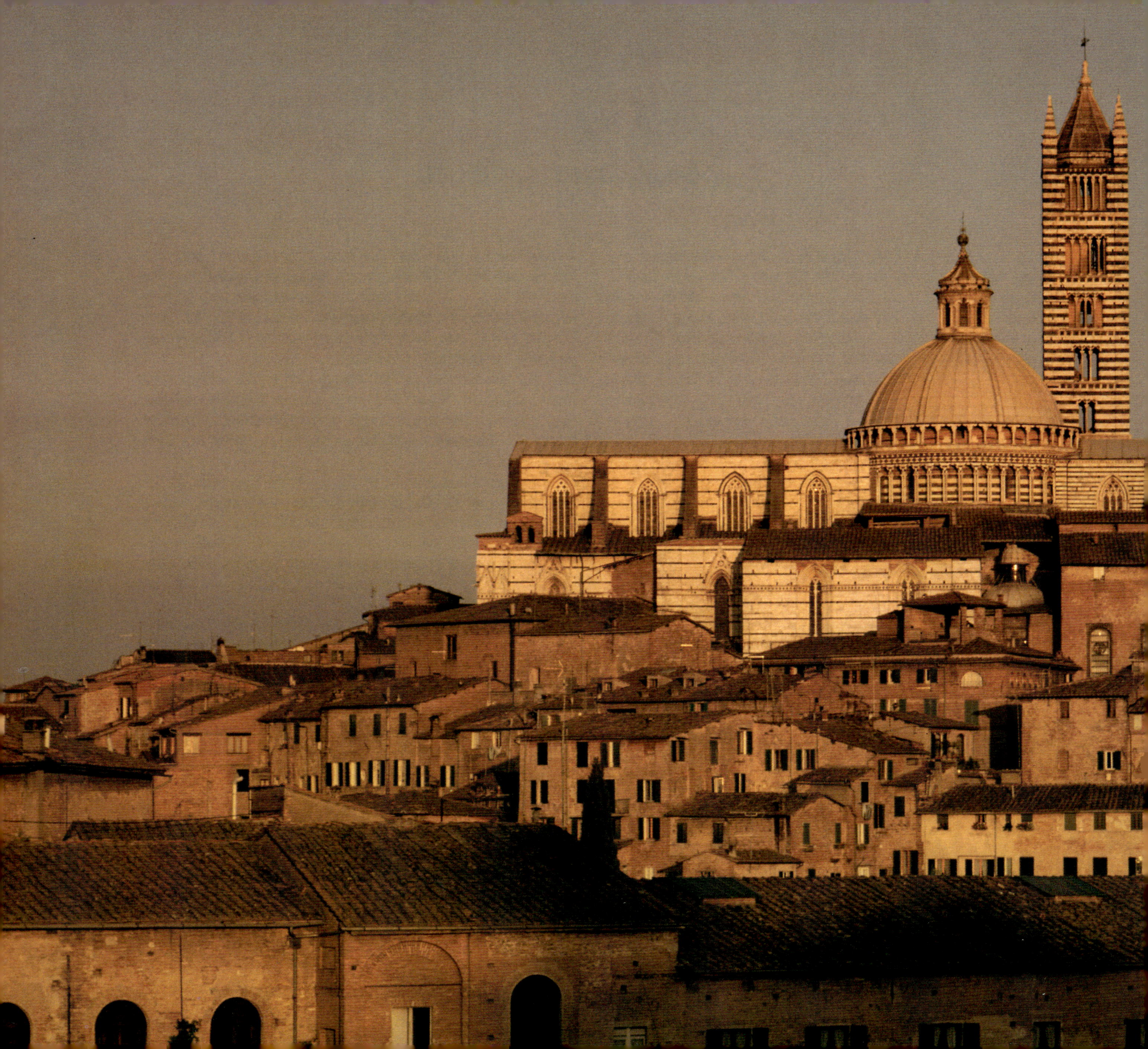

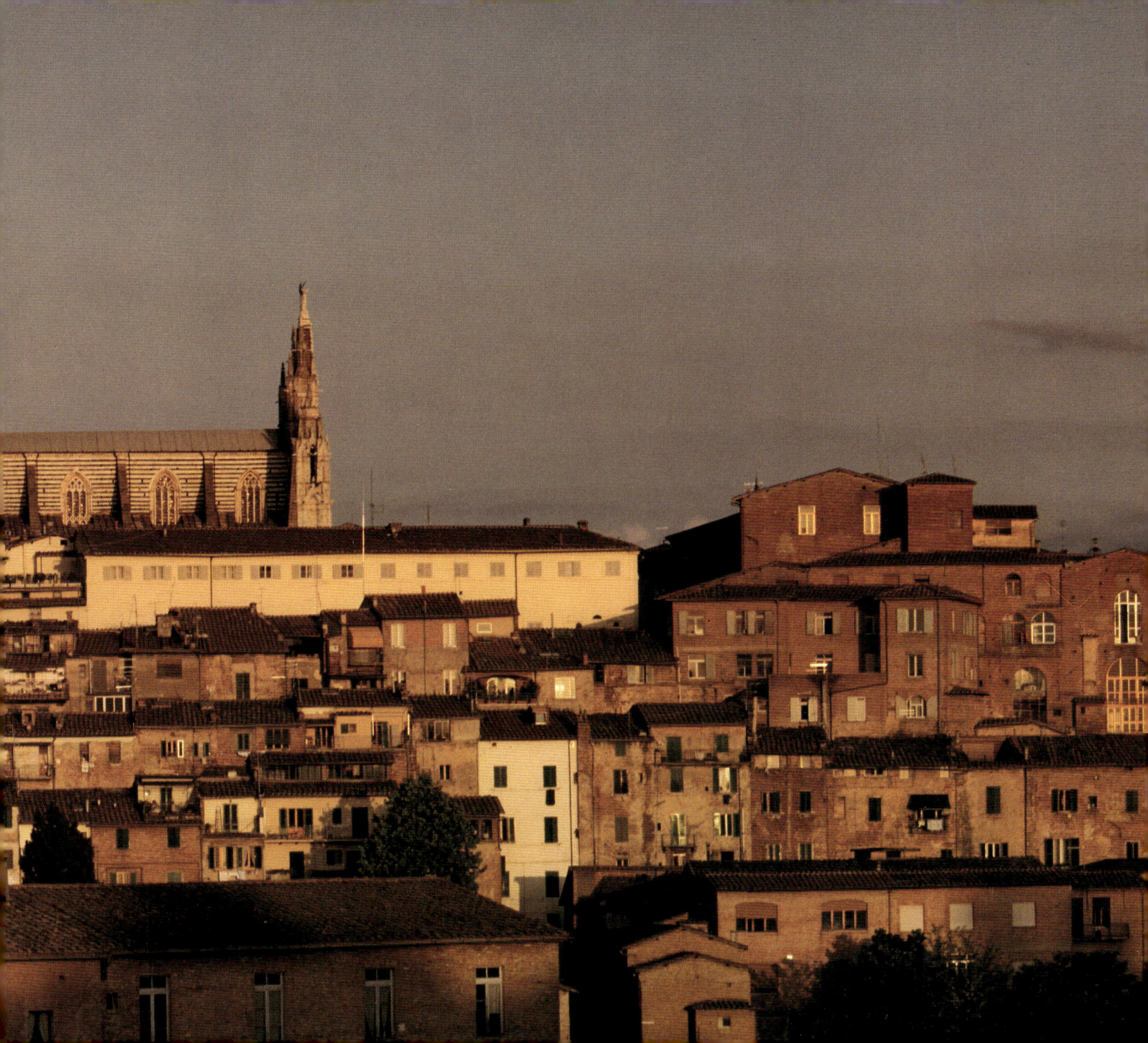

Oben links:
Der Palio beginnt. Vor dem großen Rennen erhalten Pferd und Reiter den Segen.

Oben rechts:
Glückwünsche begleiten die Männer in den historischen Köstümen, bevor sie mit Pauken und Fanfaren zum Campo ziehen.

Unten:
Nach der 3. Runde, dem Ende des Rennens, bricht auf dem Campo ein totales Chaos aus.

*Oben: Beim Palio gilt nur der Sieg.
Die Schlussweihe im Dom wird zum
Triumpfzug der Siegercontrada.*

*Unten: Da die Fatini ohne Sattel reiten,
kommt es in den scharfen Kurven immer
wieder zu schweren Stürzen.*

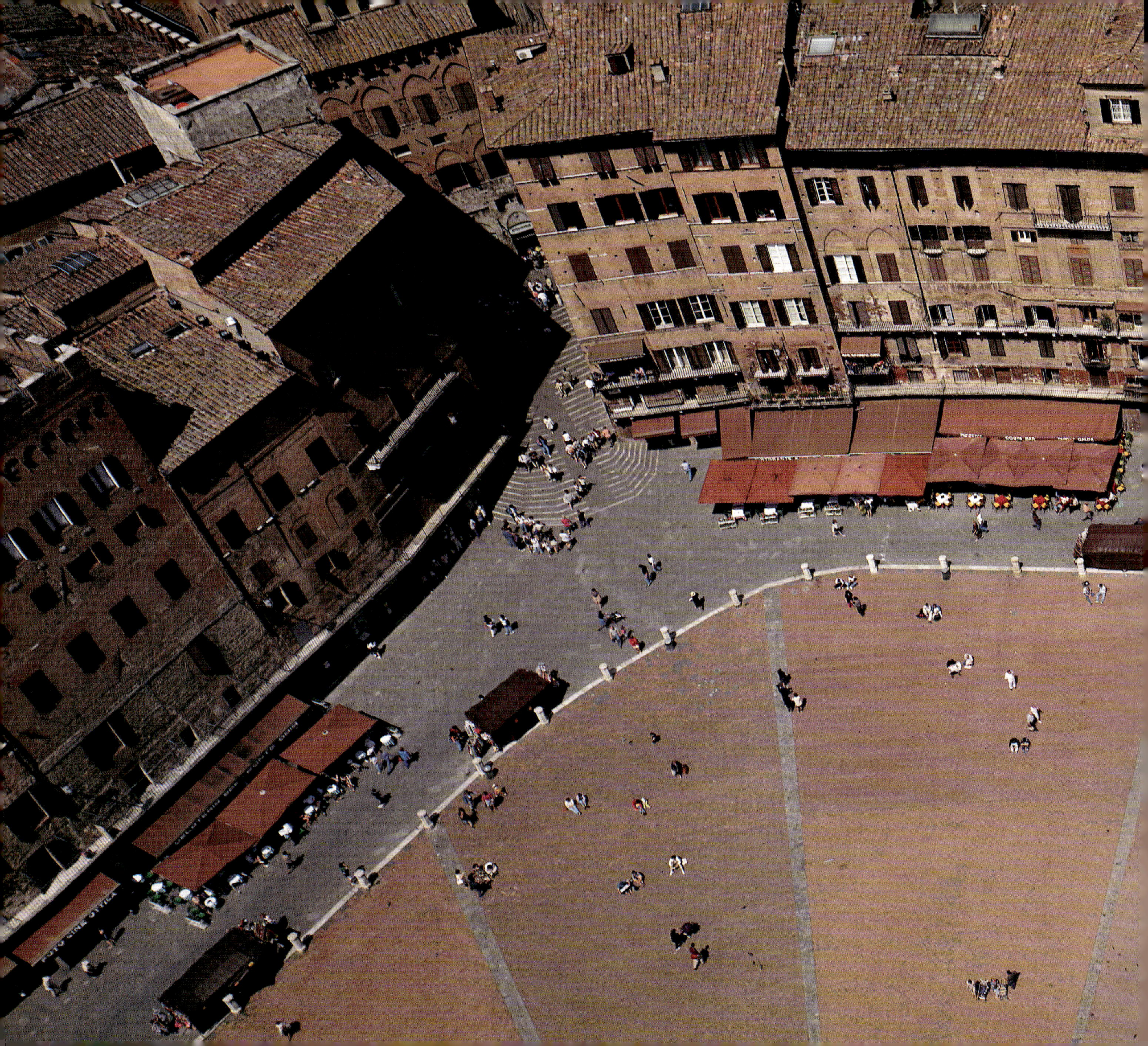
COSTA BAR
FOTO CINE OTTICA

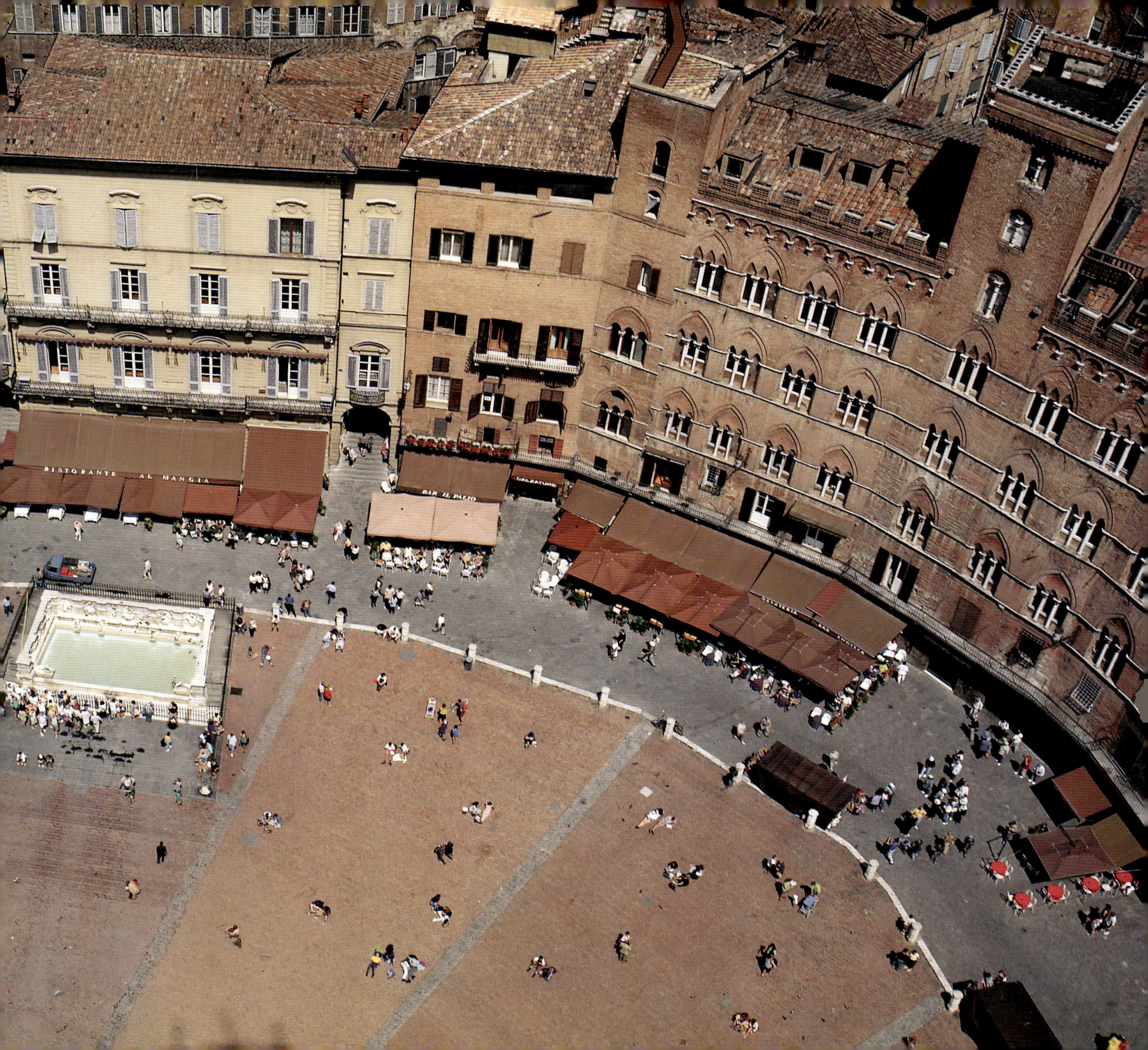
RISTORANTE AL MANGIA
BAR IL PALIO
CALZATURE

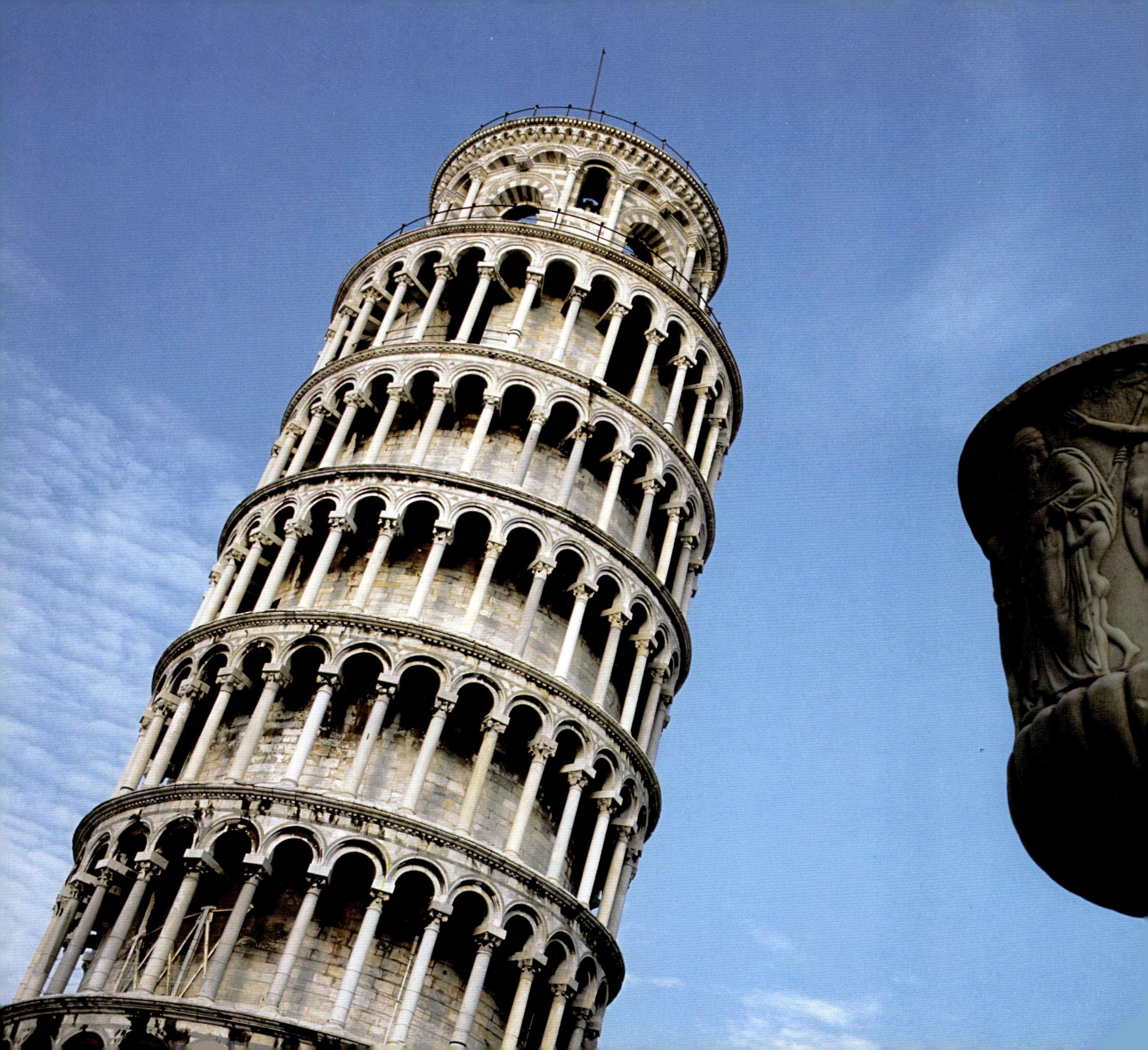

Von Pisa nach Carrara
Durchs Land des Marmors

Jeder weiß, dass er schief ist. Aber so schief! Als wäre er festgefroren, bevor er umfallen konnte – der Turm. Im Jahr 1067, die Pisaner sind durch Siege über die Seemächte Genua, Amalfi und Venedig gestärkt und beschließen mit dem Bau der Kathedrale zu beginnen. Sie sollten schließlich 100 Jahre für den stilistisch einmaligen Bau benötigen. Die besondere Architektur, fünfschiffig, mit Arkaden umgeben, die auf der Spitze stehenden Quadrate der Blendbögen, die ornamentalen Mauerstreifen, wurde immer wieder kopiert.

Dom und Campanile sind auf Sand gebaut. Schon während der Errichtung versuchte man dem bedrohlichen Kippen des Glockenturms Herr zu werden. Nach dem dritten Stock gaben die Baumeister jedoch auf.

Erst 100 Jahre später, etwa 1275, fasste man neuen Mut um das Kunstwerk zu Ende zu führen. Heute weicht die Turmspitze mehr als fünf Meter von der Ideallinie ab. Die Zeit wird es zeigen, ob die Schwerkraft oder die Restaurateure das Rennen gewinnen. Kathedrale, Baptisterium und Campanile als Ganzes bilden eine in der Toskana wohl einmalige Gebäudeharmonie und erhalten durch den weiten Rasenplatz vollends ihre monumentale Erscheinung, wie sie der Dom in Florenz, niemals erreichen kann, weil er in die enge Stadt eingezwängt ist.

Wir fahren über die Staatsstraße 12 Richtung Norden, um die Herkunft des wunderbaren Marmors zu ergründen. In Lucca sollte der Reisende unbedingt halten. Vielleicht um die Ähnlichkeiten zwischen dem Dom hier und dem in Pisa zu entdecken, vielleicht um im traditionsreichen Di Simo einen Caffè, den Espresso, im Stehen zu nehmen oder um bei einem kleinen Spaziergang die Jugendstilfassaden in der Via Fillungo zu bewundern. Hinter Lucca muss man sich entscheiden, ob die Fahrt durch das Tal des Sérchio auf die wenig besuchte Nord-Ost-Seite des Alpi Apuane geht oder ob die Küstenseite dieser Bergregion erkundet werden soll. Beide Strecken sind ausgesprochen lohnenswert.

Von Nord-Osten führt eine gut ausgebaute Straße zu dem Stausee von Vagli. Alle zehn Jahre wird das Wasser abgelassen und das am Grund liegende alte Vagli kommt zum Vorschein. Eine Gasse mit extremer Engstelle führt durch Vagli Sopra und hinauf zum Campo Catino. Wenn man den Kastanienwald auf einer Höhe von ungefähr 900 Metern wieder verlässt, öffnet sich ein völlig anderes Bild der Toskana. Grüne Almen werden von Marmor und Kalkbergen eingerahmt. In der Nähe liegt ein kleiner Marmorbruch, wo die Männer von Vagli das wertvolle Material aus den Bergen sägen. Drüben in Carrara wird der beste Marmor gebrochen. Die Stadt ist die Welthauptstadt der Marmorproduktion, denn der kostbare weiße Stein hat sie berühmt gemacht. Diamantsägen schneiden 30 Tonnen schwere Blöcke heraus, die uns auf den Pritschen großer Lkw schon viele Kilometer vorher begegnen.

Je näher man dem Zentrum der Marmorverarbeitung kommt, desto kleiner werden die Blöcke die mit Portalkränen und Flaschenzügen gehandhabt werden. Im kleinen Ort Pietrasanta scheint alles aus Marmor zu bestehen: Türen und Fenstereinfassungen, Gehsteige, Mauern, Ruhebänke und natürlich unzählige Statuen. Hier wird kommerziell künstlerisch gearbeitet.

Franco Cervietti beschäftigt mehr als zehn Fachkräfte, die Marmorkunstwerke wie am Fließband produzieren. Alles in seiner Werkstatt ist mit dem feinen weißen Staub bepudert. Längst wird mit kleinen Pressluftmeißeln und Trennschleifern gearbeitet. Michelangelo würde staunen! Schließlich hat er vor fast 500 Jahren den Marmor für seinen weltberühmten David hier gebrochen.

Die Kunstfertigkeit der heutigen auf die Bearbeitung von Marmor spezialisierten Fachkräfte ist nicht weniger anerkennenswert. Sie nur als Handwerker zu bezeichnen wird ihnen nicht gerecht. Auf Cerviettis Dachboden wird mir bewusst, dass die Palette von Objekten eines modernen Marmorstudios grenzenlos ist. Dort lagert er all seine Modell-Statuen, von Alexander dem Großen bis Lady Diana; sie sind verkleinert und als Gipsform vorhanden.

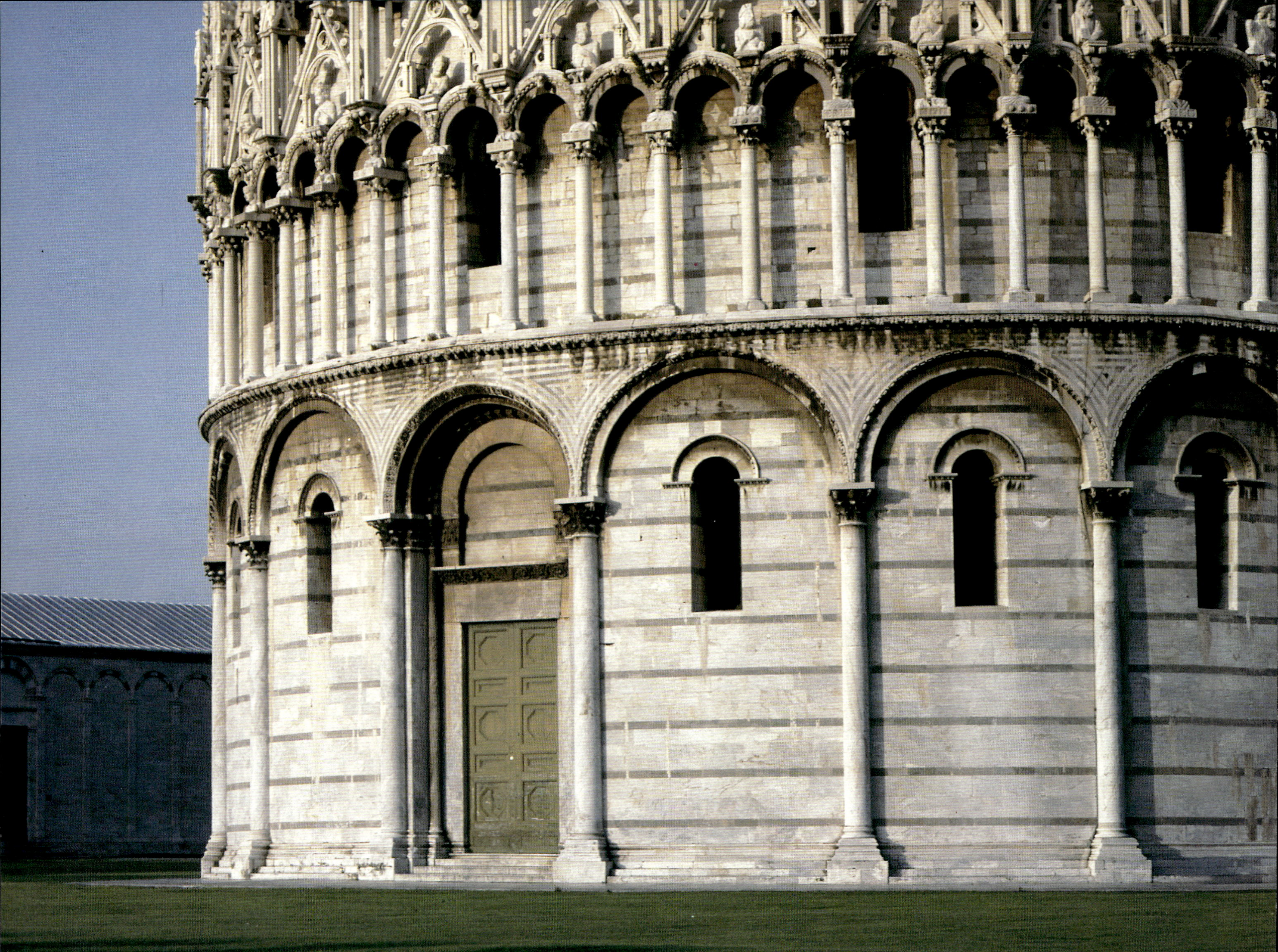

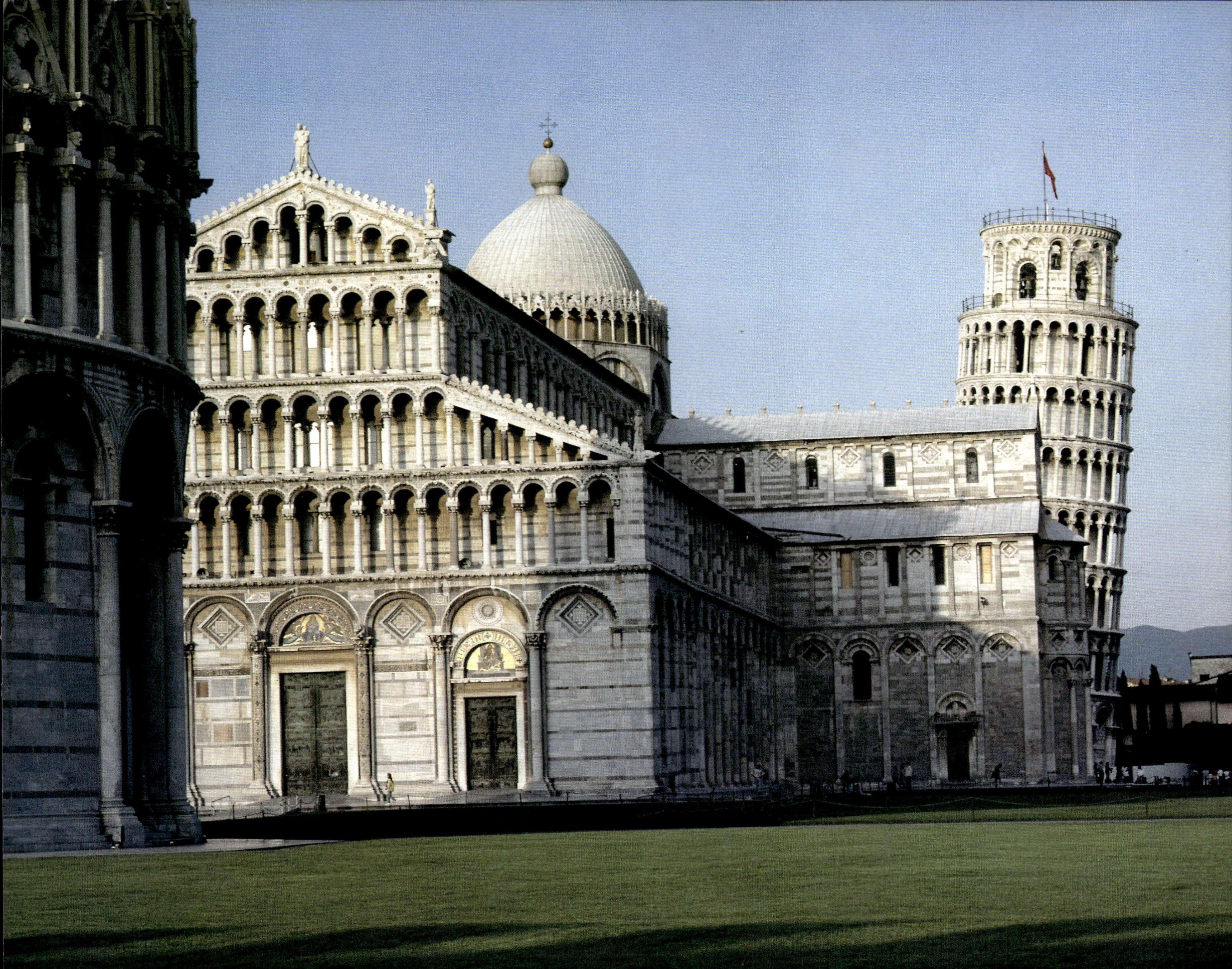

Der Marktplatz von Lucca war früher ein römisches Amphitheater.
Vorhergehende Doppelseite: Man muss bis zum Abend warten um die vollendete Wirkung des Doms auf dem dann fast menschenleeren Campo dei Miracoli zu erfahren.

*Aus den 30 Tonnen schweren Marmor-
blöcken der Carrarabrüche werden durch
die Hände der Artigiani zarte Kunstwerke.*

*Nachfolgende Doppelseite:
Der Stausee von Vagli in der
Berglandschaft der Apuanischen Alpen*

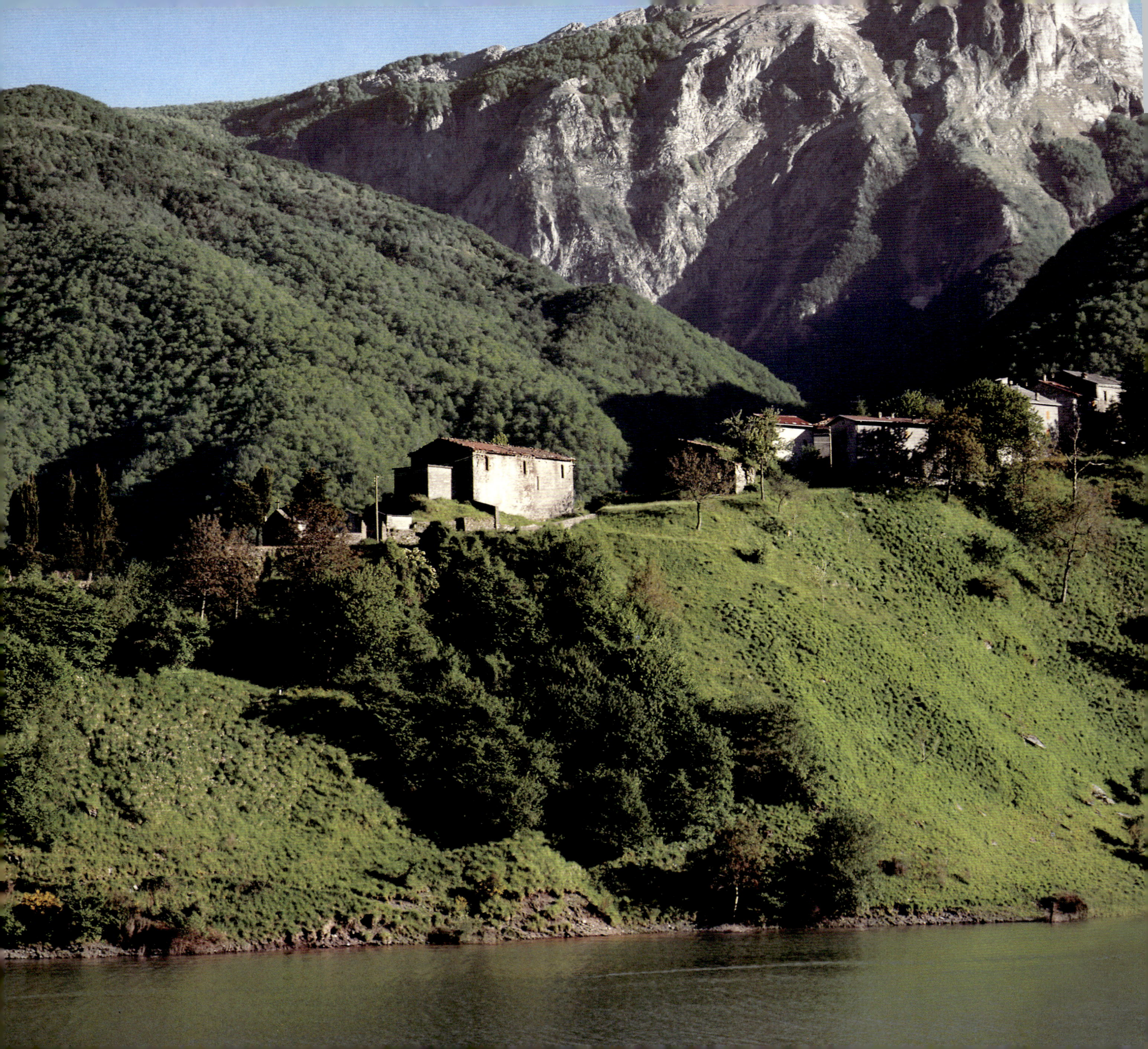

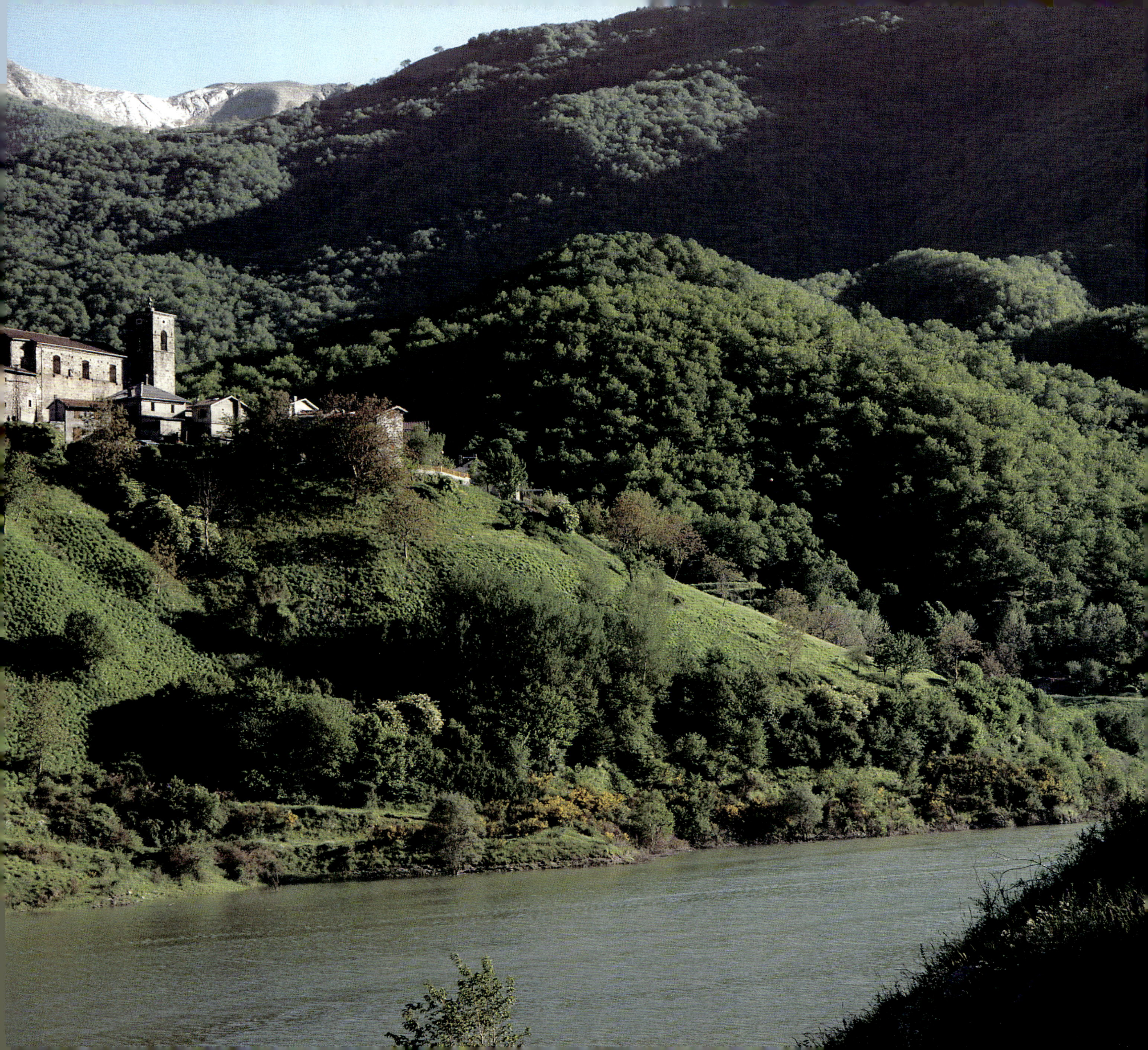

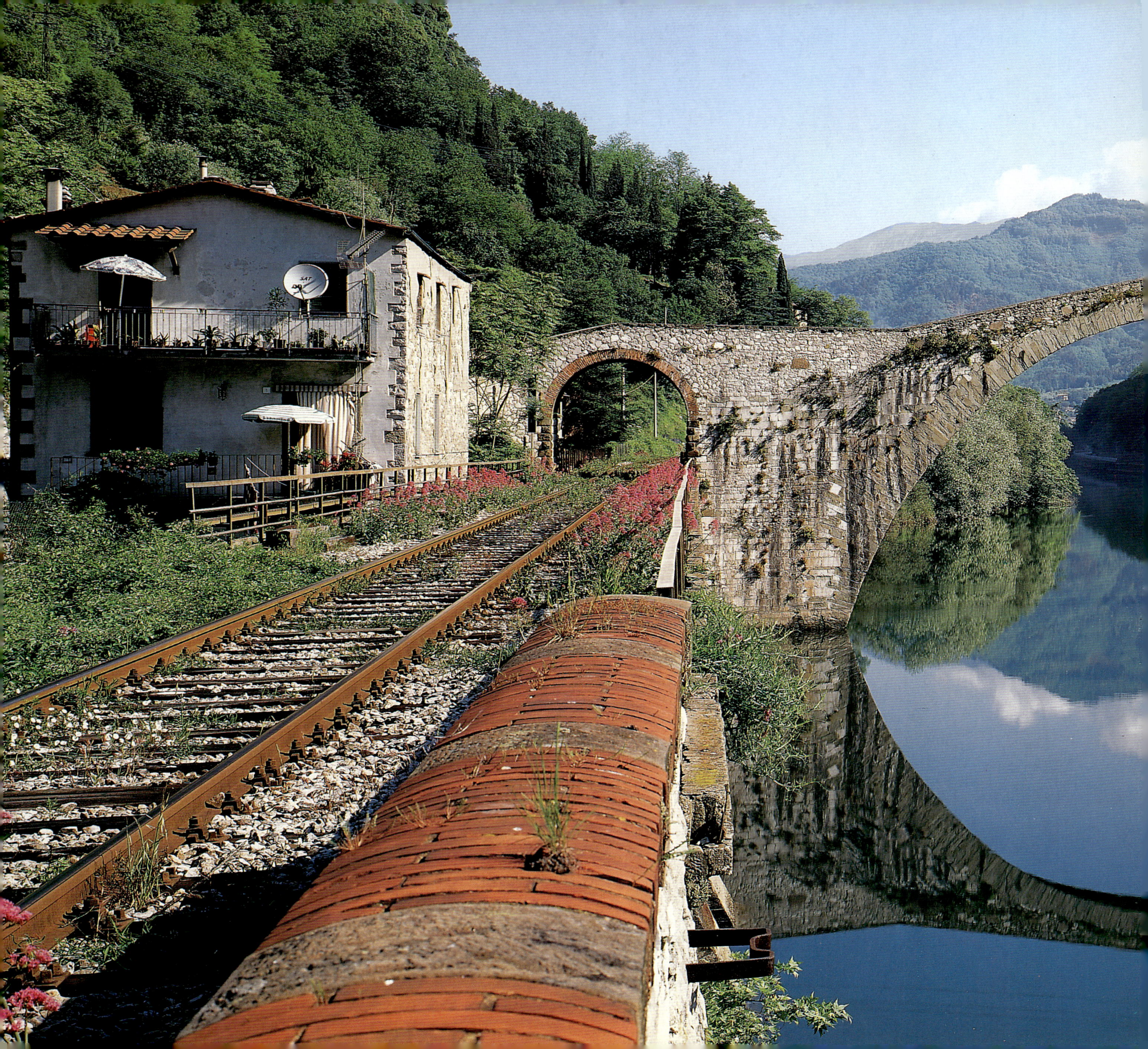

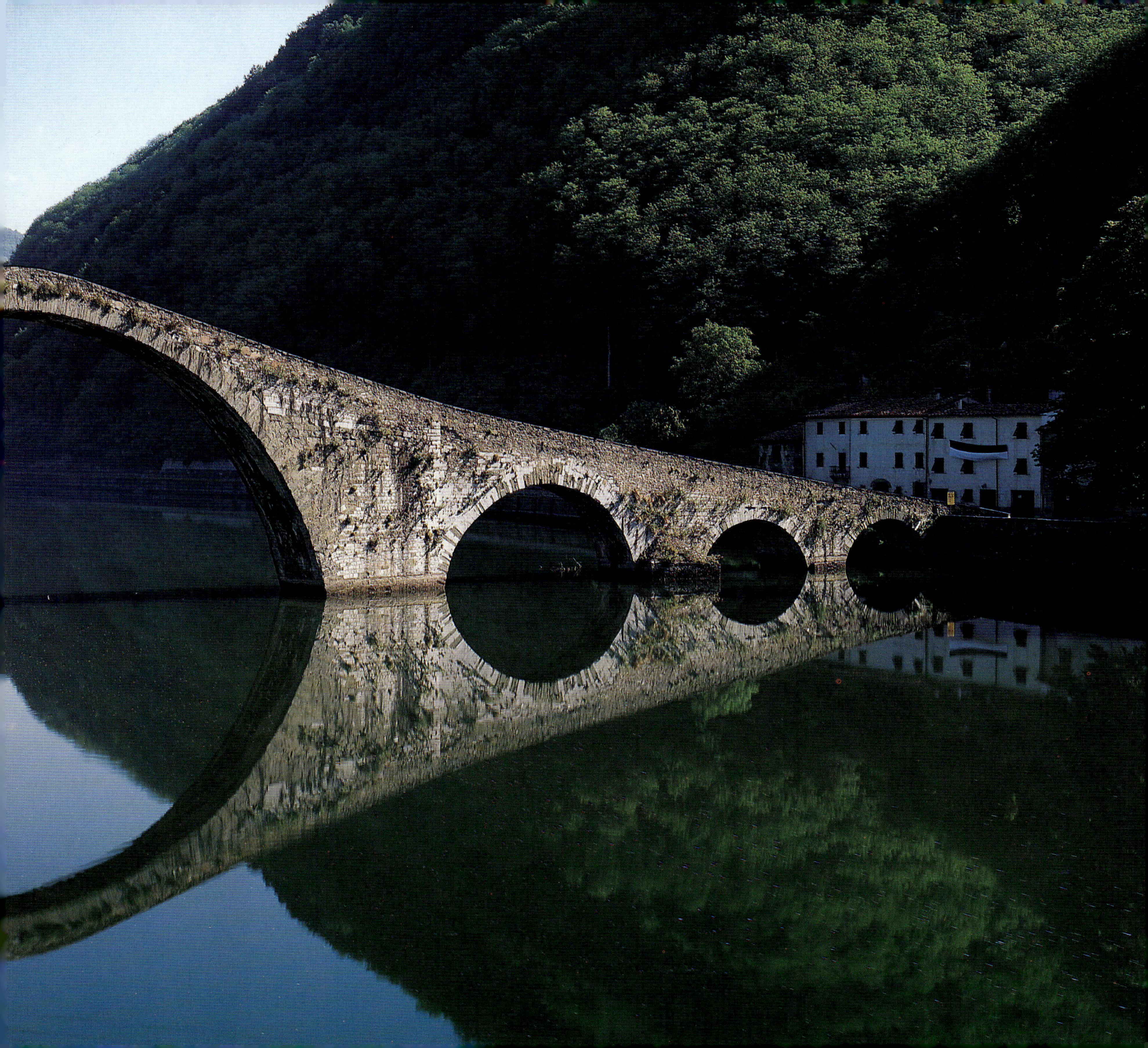

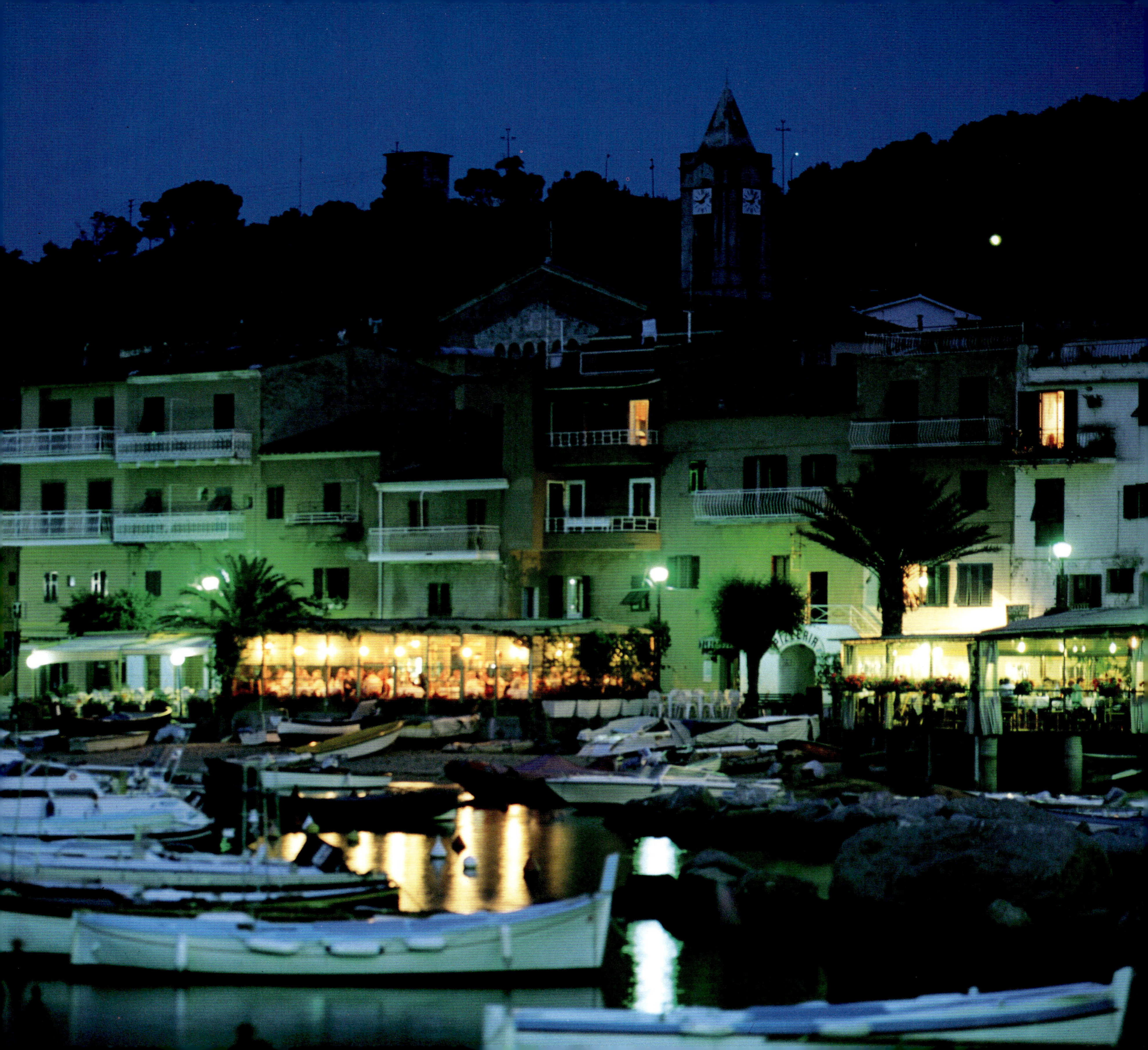

Maremma und Isola del Giglio
„Cowboys" und malerische Küste

Hier kann man nachvollziehen, wie das Sumpfland zu der Zeit aussah, als die Etrusker ankamen und mit der Entwässerung begannen. Ich stehe neben dem alten Leuchtturm an der Mündung des Ombrone, mitten im Nationalpark della Maremma. Das oft braune Wasser des Ombrone fließt durch ein verzweigtes Delta träge ins Meer. Das Mündungsgebiet ist artenreich an Vögeln: Enten, Reiher, Stelzenläufer, Bienenfresser, diverse Greifvögel, aber auch Sumpfschildkröten und natürlich unzählige Wildschweine sind dort zu beobachten.

Was für den Naturfreund heute ein Dorado ist, war für die Menschen, die in der Maremma lebten, mit Elend und Tod verbunden. Malaria raffte die Bewohner immer wieder dahin und trieb Überlebende in die Berge. Die Malaria ist mit den letzten großen Trockenlegungen im 19. Jahrhundert endgültig besiegt worden, die Sümpfe wurden urbar gemacht, die charakteristischen Maremmenlandschaften sind allerdings verschwunden. Heute sind nur Reste der Ursprünglichkeit im Nationalpark erhalten.

Eine landschaftliche Besonderheit ist die Ebene von Portovecchio, wo ein langer breiter Sandstreifen von Principina di Mare nach Süden bis Cala di Forno reicht. Der Strand ist meist nur von der Meerseite aus erreichbar. Die Vegetation und die Dünen sind ständigen Veränderungen durch Meer und Wind unterworfen.

In den letzten Jahren ist das Stück Strand südlich von Marina di Albarese fast verschwunden. Der Parkplatz hier ist ein guter Ausgangspunkt für eine ausgedehnte Wanderung entlang der Küste oder für Badefreuden am recht menschenleeren Strand, denn die Besucherzahlen im Park werden begrenzt.

Bevor wir den Parkeingang erreichen, besuchen wir wieder einmal die Cowboys der Maremma, die Butteri. Direkt an der Zufahrtsstraße nach Marina di Albarese liegt die Azienda di Spergolaia. Hier werden die prächtigen weißen Maremmarinder auf riesigen Weiden beinahe frei gezüchtet. 550 Tiere umfasst die Herde.

Das Haupthandwerkszeug des Buttero ist das Pferd. Die zähen und genügsamen Maremmenpferde werden seit Jahrhunderten für die Arbeit in dem Steppen- und Sumpfland gezüchtet. Längst hat sich Spergolaia der Agritourismuswelle angeschlossen und bietet Besuchern Reiterferien in der abwechslungsreichen Steppenlandschaft an.

Wer Küste und Meer genießen möchte, fährt nur ein paar Kilometer hinunter zum Monte Argentario. Die beiden Landbrücken, die den Berg an das Festland anbinden, bieten allein schon viele Kilometer Sandstrände. Eine ganz besondere Umgebung findet der Badeenthusiast wenn er in Porto Santo Stefano auf eine Fähre steigt und hinüber zur nur 21 qkm kleinen Isola del Giglio schippert. Er betritt hier zunächst den vielleicht schönsten Hafen der Toskana, Porto Gilgio.

An Wochenenden und im Sommer ist hier und an den Badeplätzen der Insel Hochbetrieb. Am besten, man besucht das Eiland Anfang Mai. Zu dieser Zeit ist Giglio ein einziges Blütenmeer. Wegen der sehr guten Wasserqualität und der geologischen Verhältnisse entwickelte sich vor den Granitfelsen der Küste eine farbenfrohe Unterwasserfauna. Kein Wunder also, dass Giglio zum italienischen Mekka der Taucher wurde.

Eingebettet zwischen den warmen Ockertönen der Felsenküsten liegen die kleinen weißen Sandstrände von Arenella, Lazaretto, Cannelle und im Westen der fast goldene Strand von Campese. Über der Insel thront der Hauptort Giglio Castello, mit einer nahezu vollständig erhaltenen Altstadt.

Mitten in der Maccia des unbewohnten Teils trotzen ein paar Weinstöcke der Hitze des Sommers. Ich fahre so weit es geht nach Süden, bis die sehr schlechte Straße schließlich endet. Der weitere 30-minütige Fußweg zum Leuchtturm am Punta del Capel Rosso lohnt wegen des faszinierenden Ausblickes entlang der Küste.

Vorhergehende Doppelseite: Landschaften und in verbundener Harmonie – Ponte della Maddalena bei Lucca

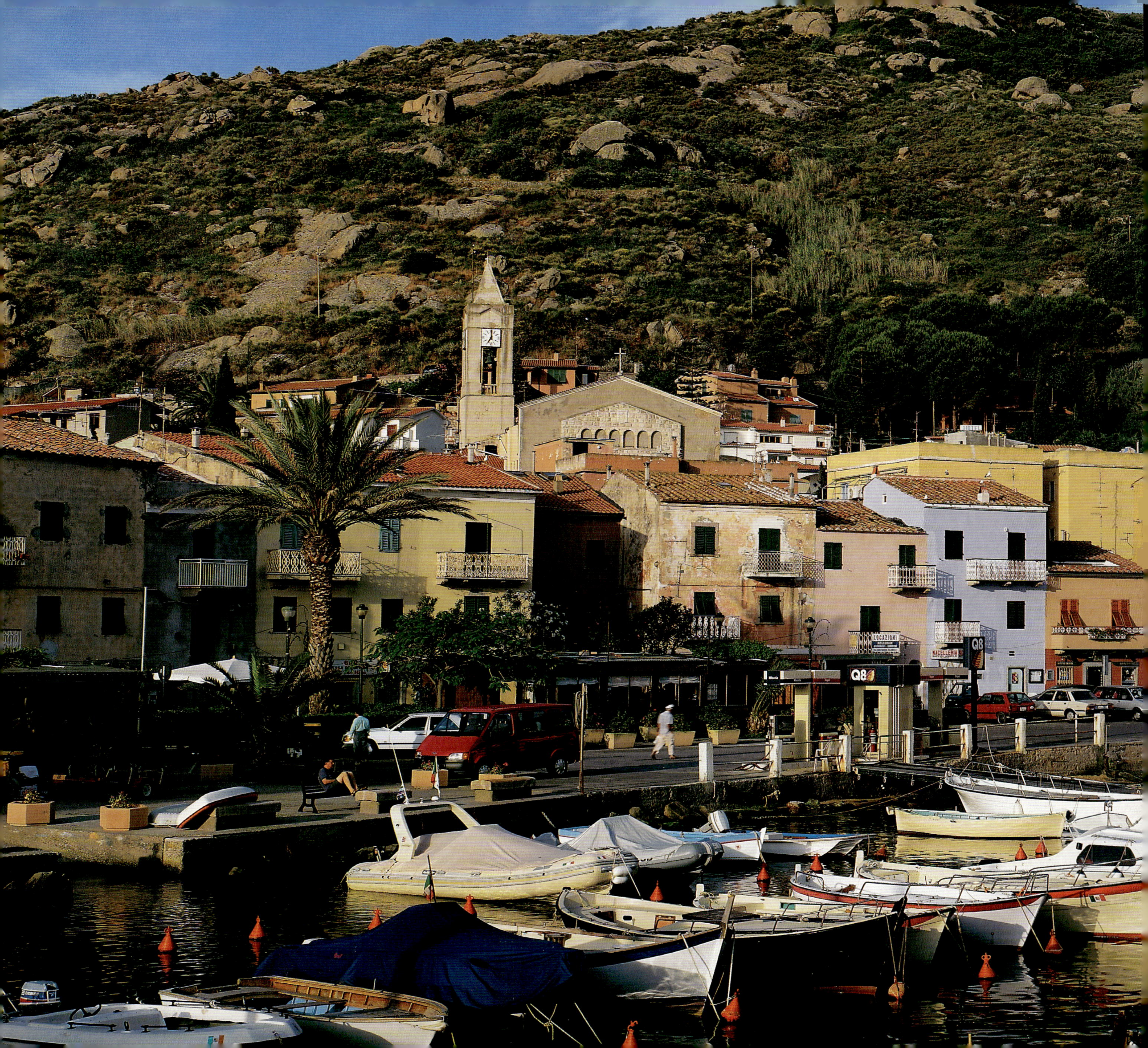
Q8

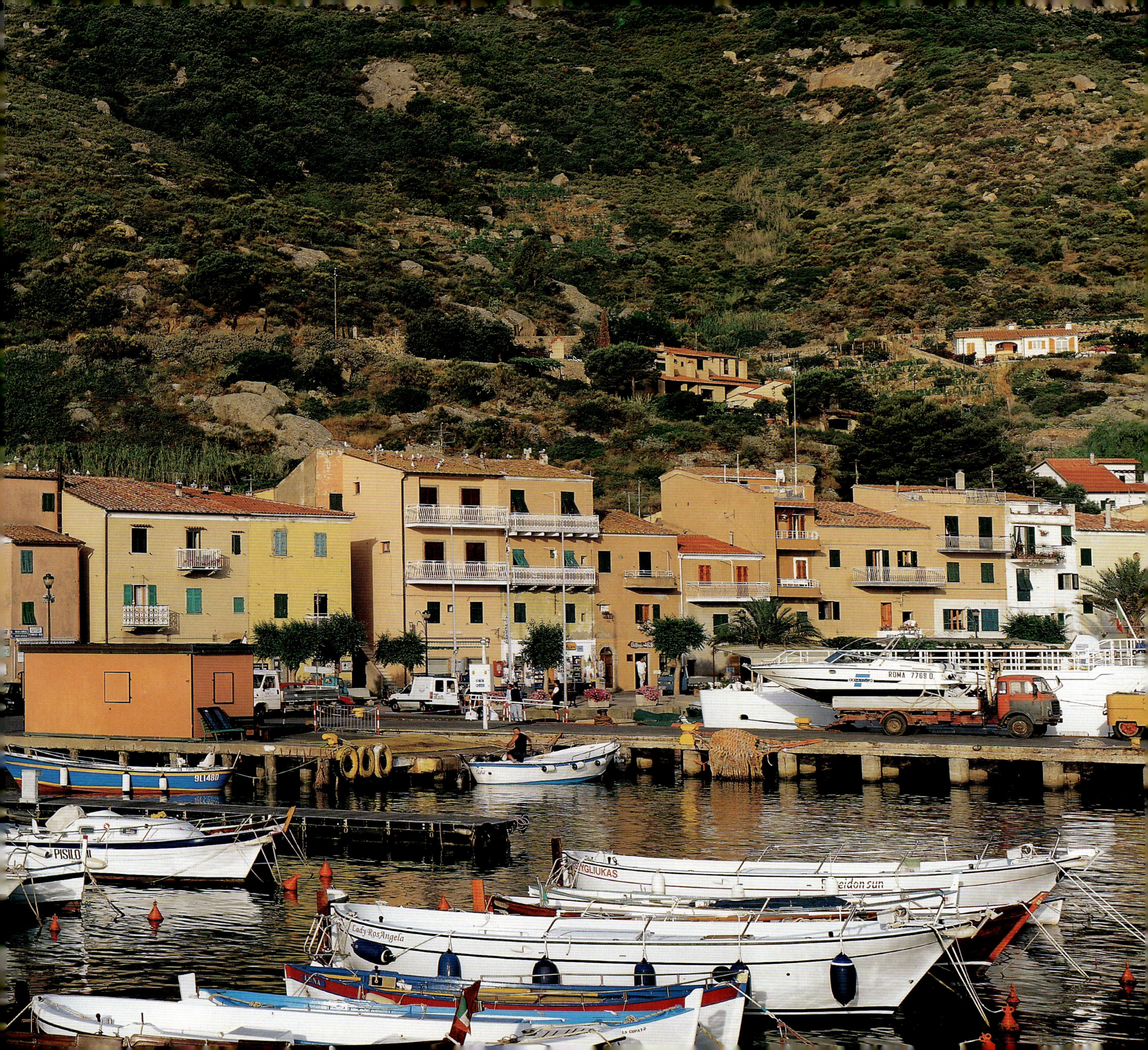
ROMA 7769 D.
Lady RosAngela

Bis Anfang Juni ist das „Nachtleben" in Port Giglio noch gemütlich.
Vorhergehende Doppelseite: Porto Giglio, der Hafen der zweitgrößten Insel der Toskana

Was wäre Italien ohne seine Café-Bars und Eisdielen?
Nachfolgende Doppelseite: Campese ist für viele Taucher Auslaufstelle um die türkisblauen Küstengewässer Giglios zu erkunden.

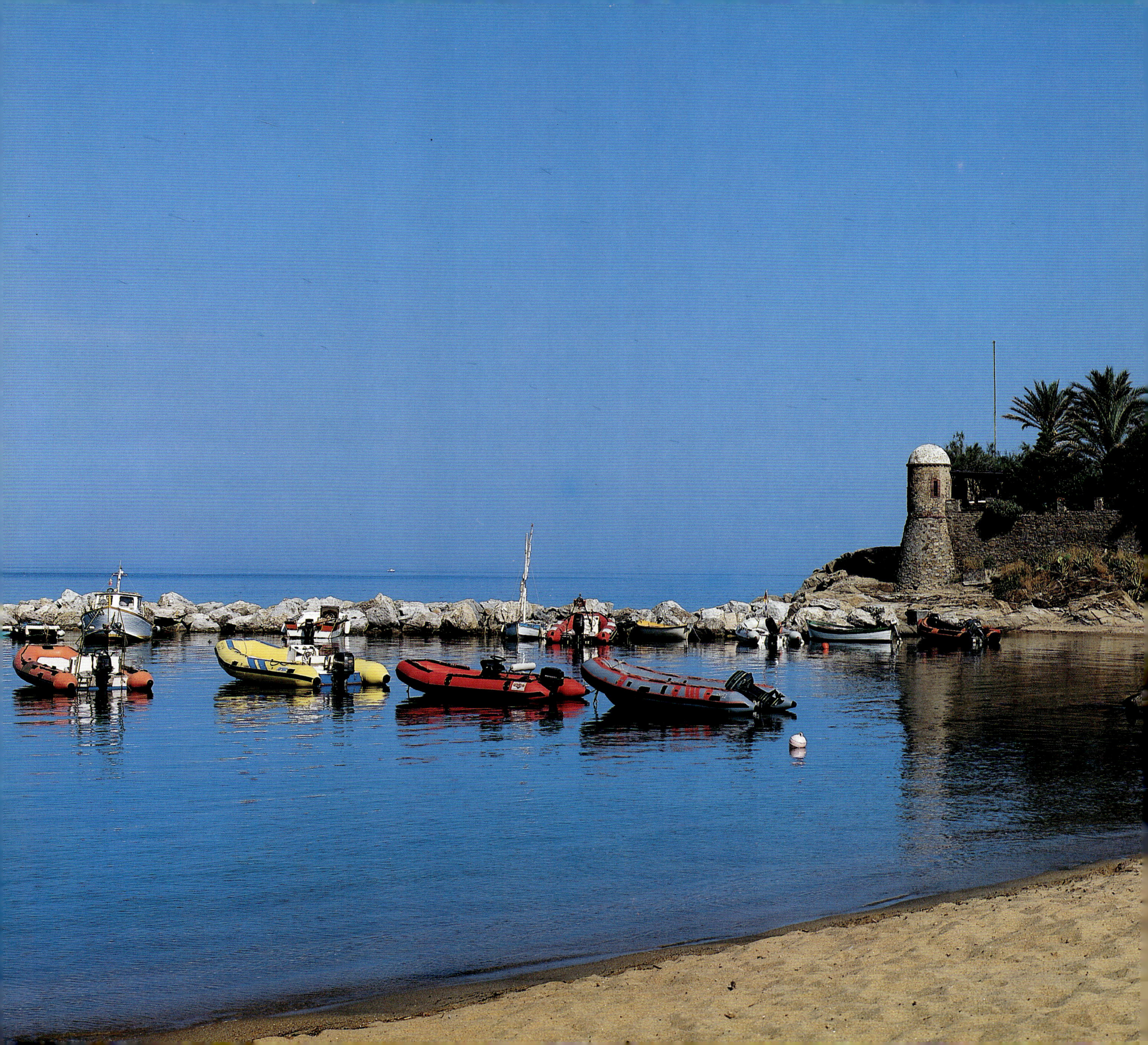

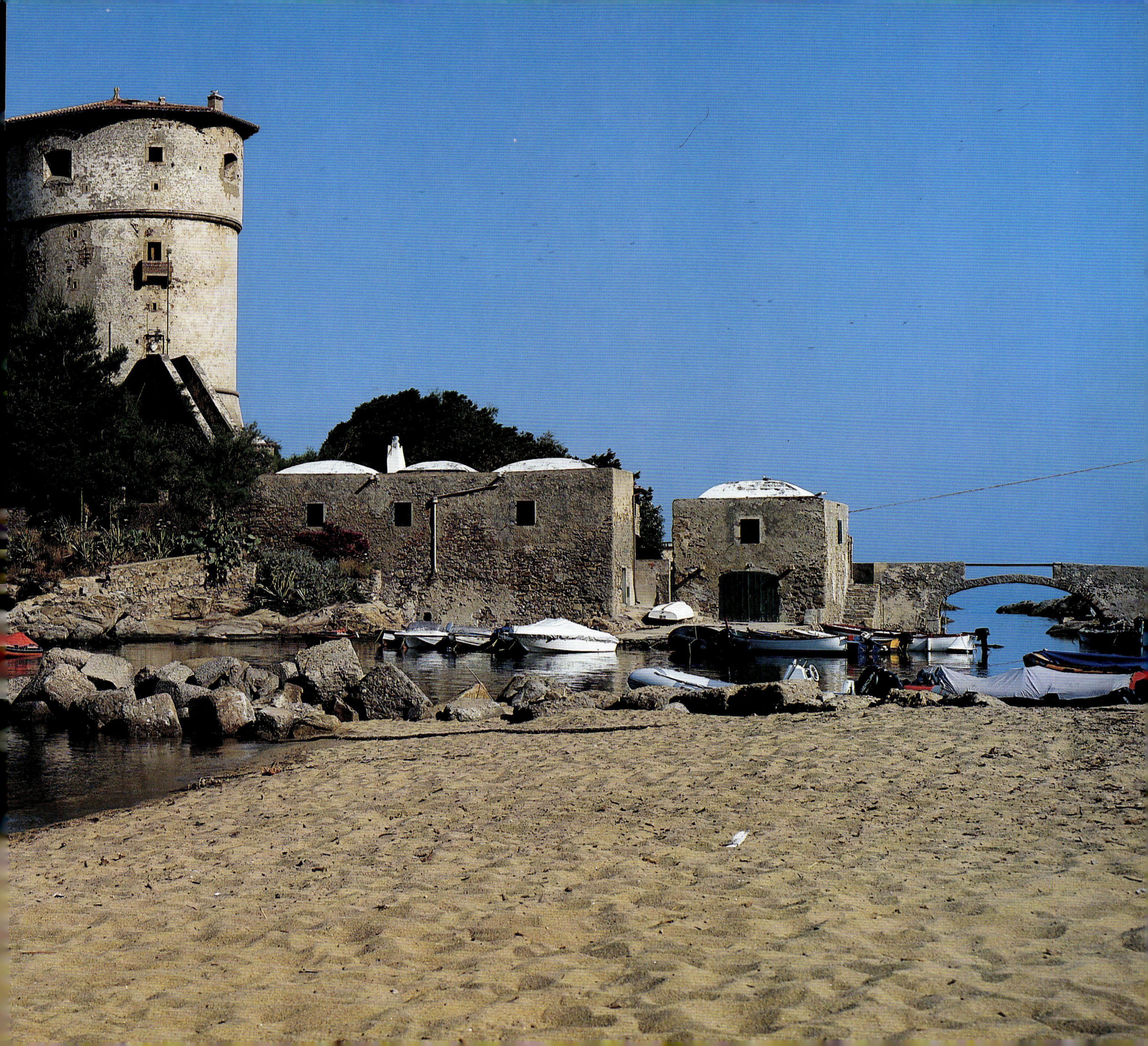

Aleppo-Kiefern sind zum Wahrzeichen des Nationalparks Maremma geworden.
Rechts: Durch windbetriebene Pumpen haben die Rinder von Spergolaia auch im heißen Sommer genügend Süßwasser.

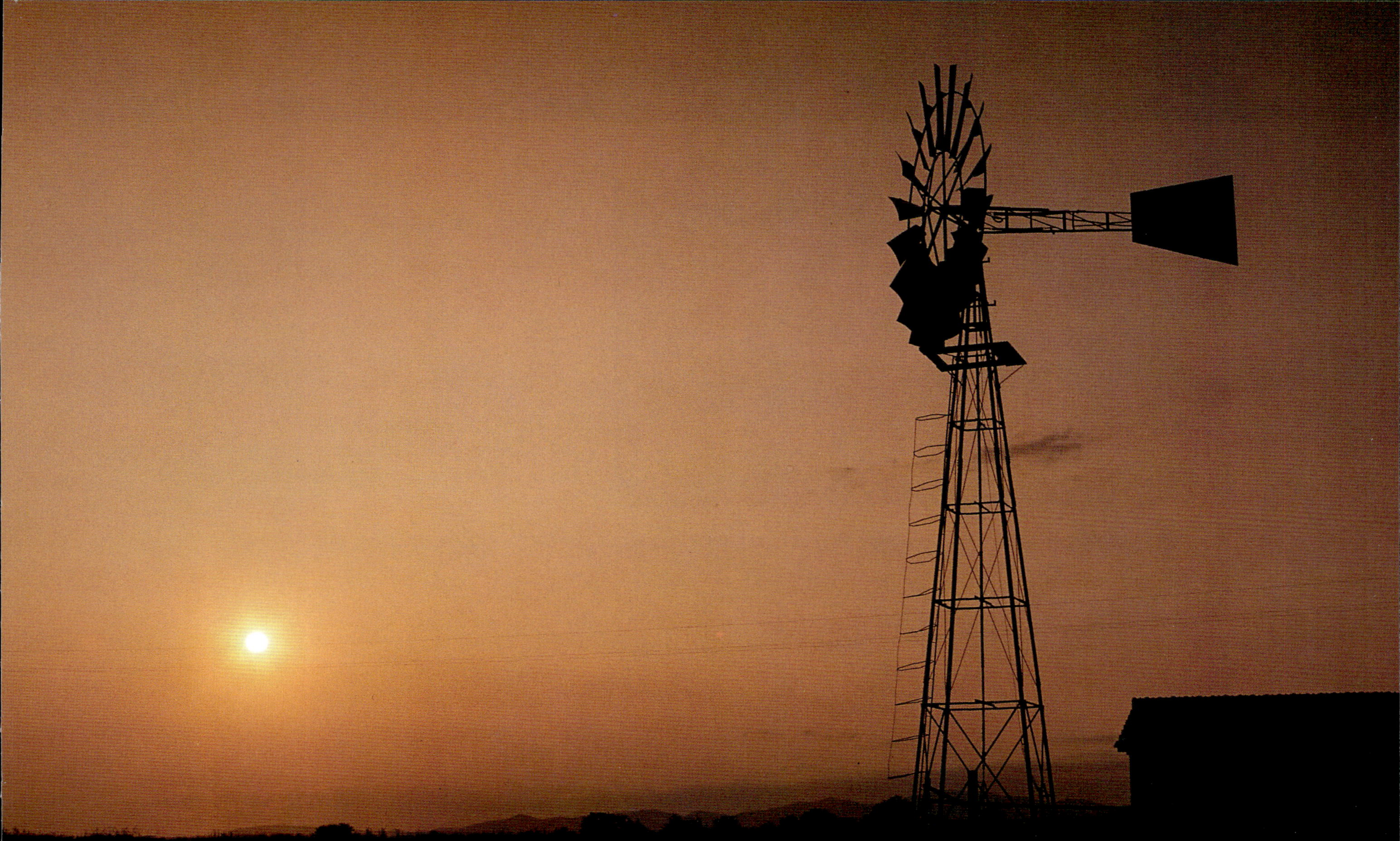

Auch noch heute nutzen die Butteri für ihre Arbeit hauptsächlich halbfrei lebende Pferde, die schon relativ jung zugeritten werden.

Regelmäßig müssen die Herden auf andere Weiden verlegt werden um das Gras zu schonen.
Nachfolgende Doppelseite: Abends genießen auch die Einheimischen den Zauber der toskanischen Küste.

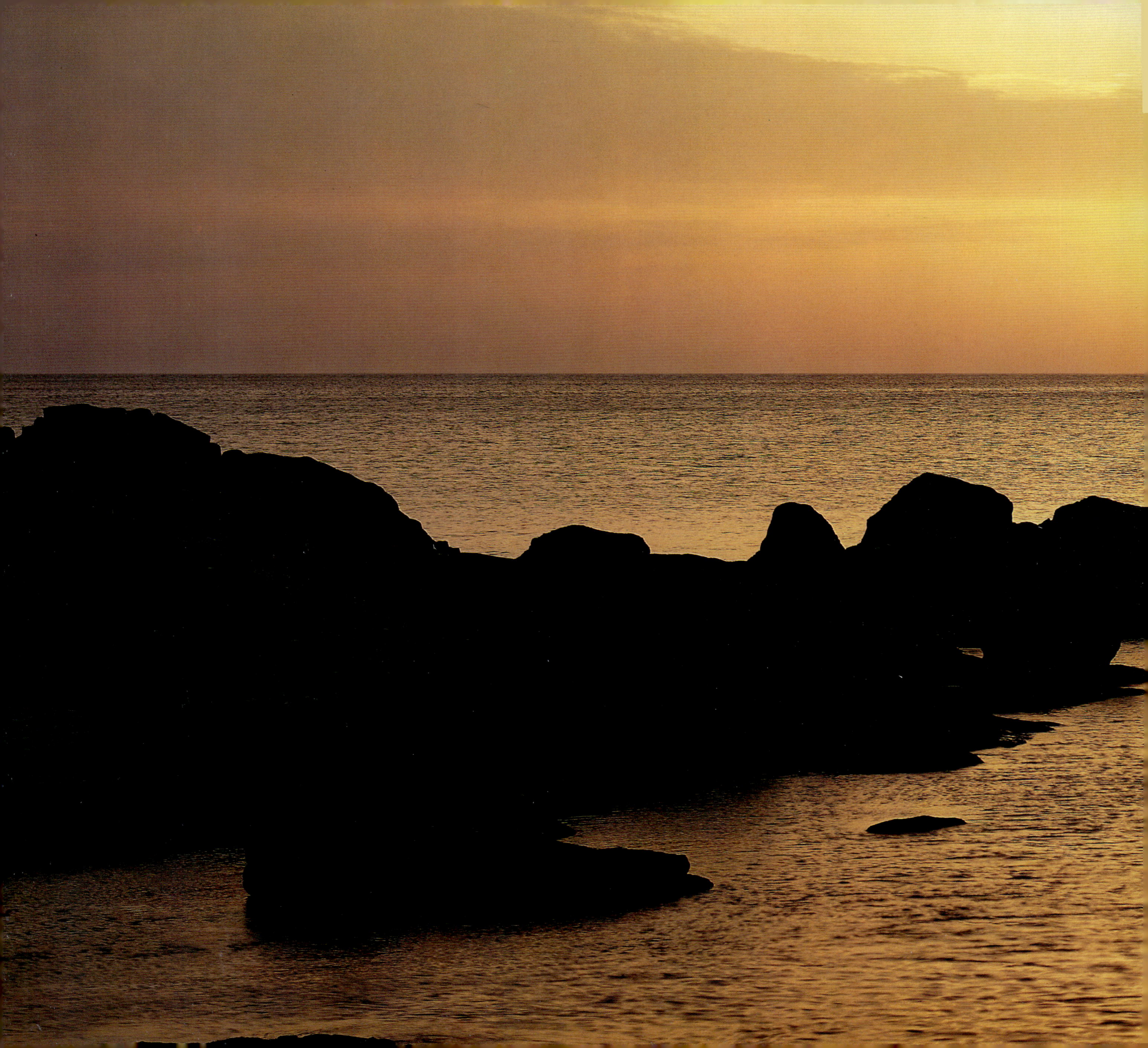

Der Autor

Reiner Harscher (40) lebt in Friedrichsdorf im Taunus. Er ist Berufsfotograf und arbeitet weltweit als freier Reisefotograf. Neben dem Erstellen von Reisebildbänden, der Durchführung von Fotoreisen für Amateurfotografen zu den schönsten Plätzen der Welt ist die Produktion und Präsentation von Live-Dia-Multivisionen seine Haupttätigkeit. Harscher zählt heute zu den besten Diamoderatoren in Deutschland und trägt für seinen exzellenten Vortrag und brillante Fotografie das Prädikat Leicavision.
Als erster deutscher Diaproduzent hat er in New York, San Francisco, Los Angeles und weiteren 15 Großstädten der USA seine Diaschau „Tuscany and Venice" mit großem Erfolg live präsentiert. Seit vielen Jahren bereist er unter anderem die Toskana und heiratete dort auch in der kleinen Landkapelle der Villa Belpoggio seine Frau Karin.

Dank

Mein großer Dank gilt meiner Frau Karin, für die immer optimale Organisation unserer Reisen und ihre engagierte Unterstützung bei Recherchen und meiner fotografischen Arbeit. Ebenfalls herzlichen Dank der Leica Camera GmbH in Solms für ihre Hilfe im Rahmen meiner Diaschauen und Bücher.
Fast alle Fotos in diesem Band sind mit Kamera und Objektiven des Leica R8 Systems auf Fuji Provia und Velvia fotografiert.

Reiner Harscher

© 1998 Rosenheimer Verlagshaus GmbH & Co. KG, Rosenheim
Satz und Lithografie: Fotolito Varesco, Auer, Südtirol
Druck und Bindung: Istituto Grafico Bertello, Borgo San Dalmazzo
Printed in Italy

ISBN 3-475-52935-1